JN237741

この1冊ですべてわかる

CRMの基本

The Basics of
Customer Relationship Management

坂本雅志

Sakamoto Masashi

日本実業出版社

はじめに

　ビッグデータ、O2O（Online to Offline）、オムニチャネル、ソーシャルリスニング……現代のビジネスシーンにおいて、新しい言葉が入れ替わり立ち替わり登場しています。ICT（情報通信技術）の進展とも密接に関係しているので、技術革新に目を奪われがちですが、こうした言葉の本質を突き詰めると、企業戦略の根幹ともいえるCRM（Customer Relationship Management：顧客関係管理）に帰結するのではないでしょうか。
　これまでの大量生産・大量消費を前提とした事業構造において、顧客接点を管理する仕組みにすぎなかったCRMですが、顧客を起点とした考え方を実践することで、新しい顧客価値を創造し、事業構造に変化をもたらす次世代CRMを構築することにつながると思います。

　ある企業の経営者が、業績向上のために「CRMシステム」という名の情報システムを導入しました。しかし、莫大な手間と費用がかかっただけで、企業収益はそれほど好転しませんでした。その経営者は、いまでは「CRM」という言葉に嫌悪感すら抱くといいます。
　システムを導入すれば、それだけでバラ色の未来が開けるというものでは決してありません。そのシステムを動かす"中身"が伴っていることが大事なのです。
　「業績を上げたいから、まず、道具を買う」のではなく、「何をすべきかを考えること」から始めるべきです。永続的な事業の成長のために、どのようなCRM戦略を採るべきか。ICTの進展を踏まえ、どのような環境を整えるべきか。こうしたことを考えなければならないのです。

　私は、CRM戦略は2つに収斂されると考えています。一つは「顧客の識別」で、もう一つが「（識別した顧客との）顧客リレーションの構築」です。
　この2つのことを実践できれば、LTV（Life Time Value：顧客生涯価値）の最大化につながります。
　もちろん、容易なことではありません。「経営における選択と集中の仕組み」としてのCRMですから、単にコールセンターを導入したり、DM（ダ

イレクトメール)を送付したりするというような問題ではないのです。

　CRM戦略の展開は、経営的な観点なくしては成し得ません。

　本書は、CRM戦略を実践するための具体的な方法について解説しました。

　この本が、企業経営者はもちろんのこと、CRM戦略を立案・推進する責任者・担当者、営業部門や店舗、コールセンターの責任者・現場担当者、顧客情報の分析やデータマイニングおよびシステム設計担当者などにとって、少しでもお役に立てれば幸いです。

　最後に、本書の執筆にあたり、多くの方にお世話になりました。

　本書の構成・執筆に関する的確な助言をいただいた宮副謙司先生(青山学院大学大学院教授)をはじめ、執筆協力をしてくださった及川直彦氏(アプライド・プレディクティブ・テクノロジーズ日本代表)、澤田伸氏(ロイヤリティ マーケティング執行役員)、事例掲載に快く応じてくださった須藤政子氏(ソシエ・ワールド代表取締役社長)、笠井誠氏(ソシエ・ワールド営業システム推進担当部長)、小倉千絵氏(集英社ブランド事業部部次長)、石塚雅延氏(集英社ブランド事業部ダイレクトマーケティング室)、山本由樹氏(gift代表取締役社長)、山本三樹氏(gift取締役)、竹本エリ氏(ル・クルーゼ ジャポンマーケティング・ディレクター)に、この場を借りて厚く御礼申し上げます。

　そして、この本の執筆を応援してくださったすべての人に感謝します。

2014年10月

坂本雅志

CRMの基本

目次

はじめに

第1章 なぜ、いまCRMなのか？

- *1-1* 誰でも知っているあの有名企業は、CRM戦略を重要視している……………………… 10
- *1-2* 高級ブランド企業ですらもはやCRM戦略の時代 ……………………… 14
- *1-3* そもそも、CRMとは何か?……………………… 16
- *1-4* ICT（情報通信技術）の進展で高まるCRMの重要性……………………… 18
- *1-5* ソーシャルメディアの普及で起きているパラダイムシフト……………………… 22

第2章 CRM戦略を実践する前に知っておくべきこと

- *2-1* 戦略としてCRMを考える ……………………… 26
- *2-2* CRM戦略の全体像 ……………………… 29

2-3	CRMの導入にあたり課題になること…………… 32
2-4	御社はCRMに向いている？　向いていない?…… 34
2-5	消費財メーカーにとってのCRMの必要要件 …… 37
2-6	CRMを導入する際に決めておくべきこと ………… 43
2-7	CRMの取り組みを分析・評価する視点………… 46

第3章　顧客を識別し、優良顧客を明確化する

3-1	「顧客」とはいったい誰なのか?…………………… 52
3-2	顧客識別のプロセスを確認する ………………… 56
3-3	顧客の識別から優良顧客の明確化へ …………… 61
3-4	自社にとっての優良顧客とは?…………………… 65
3-5	顧客構造をつかむための代表的な分析手法 …… 68
3-6	顧客分析の手法①　デシル分析 ………………… 71
3-7	顧客分析の手法②　デシル移動分析 …………… 75
3-8	顧客分析の手法③　顧客離反率分析 …………… 77
3-9	顧客分析の手法④　RFM分析 …………………… 80

3-10	事例（ソシエ・ワールド）に見る RFMを活用した優良顧客の識別……………… 87
3-11	高級ブランド企業のVIPプログラム……………… 96
3-12	優良顧客を導き出す企業独自の評価指標………… 97
3-13	優良顧客を見つける方法…………………………… 99

第4章 顧客接点を持ち、顧客を維持・育成する

4-1	顧客リレーションなくして 顧客満足はあり得ない……………………………… 104
4-2	顧客接点とはいったいどんなものか?…………… 107
4-3	企業と顧客を直接つなぐ O2O（Online to Offline）………………………… 113
4-4	消費者購買行動モデルから 顧客接点を設計する………………………………… 116
4-5	顧客との親密な関係性を築く方法………………… 119
4-6	優良顧客を育てる顧客接点の管理………………… 122
4-7	一生涯の顧客を獲得するために…………………… 125

4-8	顧客を維持・育成するために必要なこと……127
4-9	優先すべき優良顧客への対応策……131
4-10	優良顧客への差別化対応の事例……134
4-11	顧客参加型の商品開発……137
4-12	CRMの事例① 再春館製薬所……139
4-13	CRMの事例② ザ・リッツ・カールトン……144

第5章 顧客データの収集・管理から分析・活用まで

5-1	収集すべき顧客データの種類……148
5-2	ソーシャルリスニングは顧客データの宝庫……152
5-3	顧客データを管理するうえで重要なポイント……154
5-4	個人情報の取り扱いはどうすればいい?……156
5-5	データ分析と活用のイメージ……158
5-6	データ分析と活用のプロセス……161
5-7	データ分析の方法と実例……163
5-8	CRMの事例③ 集英社『FLAG SHOP』……170

5-9	CRMの事例④　松屋銀座『ジ・オフィス』………… 176
5-10	CRMの事例⑤　日本マクドナルド………………… 178
5-11	CRMの事例⑥　『Tポイント』と『Ponta』………… 182

第6章　これからのCRM戦略

6-1	ソーシャルメディアからソーシャルCRMへ……… 186
6-2	ソーシャルCRMの可能性と課題 ………………… 188
6-3	企業内CRMデータと ソーシャルCRMデータの融合 ………………… 195
6-4	ビッグデータ時代のCRM ……………………… 198
6-5	ビッグデータでCRMを深化させる ……………… 201
6-6	「データ駆動型組織」への移行が始まる ………… 204
6-7	ビッグデータの活用はどこまで進んでいるか?… 208

索引 …………………………………………………………… 211
参考文献 ……………………………………………………… 213

本文組版／一企画

第1章
なぜ、いまCRMなのか？

1-1
誰でも知っているあの有名企業は、CRM戦略を重要視している

いまをときめく企業がCRM戦略を駆使し、顧客を囲い込み、業績を伸ばしています。CRM戦略は、これらの成功事例の根幹を支えている考え方です。

◆「1顧客1ID化」の時代

　現代において"勝ち組"とされている企業の代表格はGoogleやAmazonですが、こうした企業が重要視しているのが、CRM（Customer Relationship Management：顧客関係管理）です。

　2012年3月に、Googleが変更した新たなプライバシーポリシーは、それまでGoogleの各サービスが持っていたものを一本化し、ユーザーを1つのIDにまとめられるようにしました。Googleによれば、「すべてのサービスをユーザー個人の特性に合致したものにするため」です。

　なお、Googleがこれを導入する前は、万人に対して同様のサービス結果を明示していました。

　いま（2014年10月現在）では、動画投稿サイト『YouTube』で視聴した動画まで、検索結果に影響するようになっています。

　「1人のユーザーに関するデータが各サービス間をまたがって共有され、ユーザーの利便性向上につなげる」という1顧客1ID化の考え方は、CRM戦略を描くにあたり、避けては通れない課題です。Googleはこの課題をクリアし、さらなるステージに歩を進めています。

　また、Amazonでは、購入者の趣味・嗜好に合わせて抽出した商品の紹介、購入者がチェックした商品の関連商品の紹介、購入者の閲覧履歴からの商品の推奨などを、「レコメンドエンジン」により自動で実施しています。

　皆さんもAmazonで商品を購入する際に、ログインIDとパスワードで自分のアカウントにアクセスすると思います。あまりに日常的すぎて見過ご

してしまっていますが、Amazonは1つのIDに顧客の購買履歴を蓄積しているのです。

■Googleアカウントの画面

◆ポイントカードはCRM戦略

　別の身近な例でいえば、ファミリーマートの『Tポイント』やローソンの『Ponta』に代表される、コンビニエンスストア（以下CVS）などで展開している「共通ポイントサービス」は、CRM戦略です。

　CVSでは、「いつ」「どこで」「誰が」「何を」「どれくらい」「どのように」購入したかという顧客の購買履歴を蓄積しています。これにより、新商品の開発につなげることや、マーケティング施策に役立つ展開が可能になるのです。

　楽天も2014年10月から、共通ポイントサービスを開始しました。普段何気なく提示している**ポイントカード**が、CRM戦略に活かされているのです。

◆会員証のデジタル化で導入しやすくなる

　ファストファッション業界でも、CRM戦略が展開されています。
　GAPでは、『GAP MEMBERSHIP』という会員プログラムを展開しています。GAPで買い物をした人は見覚えがあるでしょうが、スマートフォンや携帯電話に表示される会員QRコードを読み取る小さな機械がレジ

の前に置かれています。顧客は購買にあたり、自分のQRコードを提示することで、毎回5％の割引が受けられます。

その他、会員限定のシークレットセールや誕生月の割引、購入金額に応じた特典などがあります。

GAPのオンラインストアでの購買実績も、1顧客1ID化の一環に取り込まれつつあります。いわゆる**オムニチャネル戦略**です。オムニチャネルとは、実店舗や通販サイトなどの販売チャネルを統合することですが、この動きは拡大を見せています。

■オムニチャネル

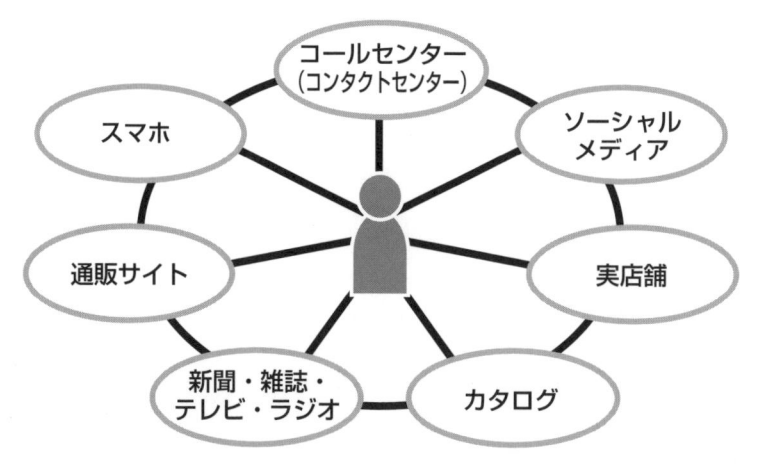

各チャネルと顧客の関係が、情報を串刺しすることによって、一貫性のあるCRM戦略になる。

かつては店舗でスタンプカードや会員証を発行し、購入金額に応じて特典（ポイント）を付与するという施策が展開されていました。これもまたCRM戦略です。

しかし、顧客が会員証を常に保有していないことで、結局、ポイントを失効させてしまうことがしばしばありました。ましてや、店舗側は個人情報まで獲得するのは至難の業でした。

ICT（情報通信技術）の進展により、スマートフォンが万能ツール化している現代、こうした欠点は解消されました。「会員証のデジタル化」です。実店舗を展開している小売業にとって、**データベースマーケティングが**劇

的に導入しやすくなっているのです。

◆通信キャリアの新たなCRM戦略

　私たちが肌身離さず身につけているスマートフォンや携帯電話の通信キャリアでは、契約2年間は解約時に違約金が発生するといった商慣行や、せっかく購入した端末をSIMロックによって別のキャリアで使えなくするという方法がネガティブに取り沙汰されがちです。購入のハードルを下げるための「端末ゼロ円」の展開とともに、実はこれらもCRM戦略なのです。

　しかし、総務省は利用者の利便性向上や競争の加速のために、2015年度にはSIMロック解除の義務化や、解約時に違約金が発生する商慣行を見直す方針を固めました。通信キャリアも方針転換が迫られています。

　新たなCRM戦略として、**NTTドコモ**は、利用年数に応じた割引施策『ずっとドコモ割』や、家族でも1人でも複数の端末でパケット代を分け合える料金プラン『パケあえる』を導入しました。本来のCRM戦略の絵姿になりつつあります。

　他社も追随の動きを見せています。**KDDI**が展開する電子マネー『au WALLET』は、WEB（オンライン）から実店舗（オフライン）へ誘導し、消費行動に結びつける**O2O**（Online to Offline、113ページ参照）をauのIDを用いて実現しようとするものです。ここでも、1顧客1ID化にこだわっています。

　この『au WALLAT』は、『おサイフケータイ』などのいわゆる非接触通信による決済手段ではなく、磁気カードを採用しています。従来型のクレジットカード読み取り端末で決済が可能なので、スマートフォンに決済機能を搭載できる『PayPal』と親和性が高く、小売店側の導入のハードルも低いです。そのため、日常のあらゆるシーンで活用することができます。磁気カードといってもクレジットカードではないので、クレジットカードを敬遠する人や子どもが持つカードとして効果的といえます。

1-2 高級ブランド企業ですら もはやCRM戦略の時代

> これまで顧客のほうから近づいてきてくれたラグジュアリーブランドも、いまでは顧客の声に耳を傾け、優良顧客の囲い込みに一層力を入れ始めています。

◆ブランド戦略だけでは立ち行かない?

　いま勢いのある企業はCRM戦略を導入していますが、**ルイ・ヴィトンやプラダ、シャネル**といった**ラグジュアリーブランド**にとってもCRM戦略は重要な要素を占めてきています。

　ラグジュアリーブランドで最も重要なのは**ブランド戦略**ですが、それだけでは顧客の心を捉えて離さない状況を維持することがむずかしくなってきているからでしょう。

　もちろん、CRM的施策はこれまでも高級ブランド各社が実施していました。たとえば、「カスタマーカード」への個人情報の記載により、顧客の属性と購入履歴を関連づける取り組みが、脈々と行なわれています。少なくとも、顧客情報を取得しているブランド企業はそれなりに存在します。

　しかし、そのデータを有効に活用しているか否かといった点に関しては、取り組みが進んでいるとは言い切れない状況です。

◆顧客の維持・拡大にはCRM戦略が必要

　事例で説明しましょう。Aさんが、あるブランド「α」の表参道店で約2万円分の商品を購入し、別の日に新宿店で約5万円分の商品を購入、また別の日にオンライン店で約3万円分の商品を購入しました。しかし、αの各店舗でカスタマーカードが記入されているので、Aさんは、それぞれ別の人格として捉えられていました。

このαというブランドでは、年間で10万円以上購入した顧客はVIPと認定し、さまざまな優遇措置をとっていますが、AさんはVIPの認定を受けておらず、一般顧客として扱われていました。

こうした事態は、多くのブランド企業で起きています。あるべき姿としては、ブランド「α」としてAさんに向き合うことです。

賢明なブランド企業の経営陣は、こうしたことの重要性に気づき、何らかの手を打とうとしています。もはや「ブランド信仰」だけでは、顧客を維持・拡大できなくなってきているからです。

事実、高級ブランド各社が、広告代理店に対して、年間のブランド戦略を方向づけるマーケティング展開の競合プレゼンを行なう際には、かなり高い頻度で、CRM戦略もそのお題目になっています。

■あるブランド企業の事例

合計10万円分の商品を購入

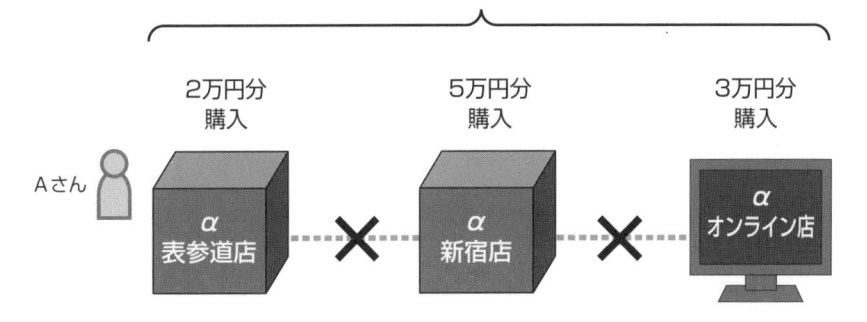

| Aさん | α表参道店 2万円分購入 | × | α新宿店 5万円分購入 | × | αオンライン店 3万円分購入 |

- Aさんは10万円以上購入しているので、VIPに認定されるはずが、店舗間で情報が共有されていないため、優遇措置は受けられない。
- 個別の店舗として向き合うのではなく、企業・ブランドとして向き合うことが大切。

1-3
そもそも、CRMとは何か？

> 「顧客を適切に識別し、ターゲットとする顧客の満足度と企業収益の両方を高めるための経営における選択と集中の仕組み」……これが本書におけるCRMの定義です。

◆CRMの定義

　日本では2000年頃から盛んに重要性が叫ばれるようになった**CRM**（**顧客関係管理**）ですが、その考え方についてさまざまな解釈があります。

　たとえば、**顧客マネジメント**（Customer Management）と表わされることもあれば、**顧客関係性マーケティング**（Customer Relationship Marketing）と捉える考え方もあります。

　表現はともかく、人それぞれの立場で多様に展開されているCRMの定義にはさまざまな説があります。

　本書ではCRMを、企業が顧客に焦点を当てて行なう経営戦略（CRM戦略）として捉えています。そのため、「**顧客を適切に識別し、ターゲットとする顧客の満足度と企業収益の両方を高めるための経営における選択と集中の仕組み**」と定義します。

■CRMとは何か

CRMとは

- 顧客を適切に識別し
- ターゲットとする顧客の満足度と
- 企業収益の両方を高めるための
- 経営における選択と集中の仕組み

つまり、顧客との関係性をマネジメントするCRMは、単にマーケティングの手法ではなく、企業全体に影響を持つ経営の仕組みということです。カスタマーサービス部門だけでなく、営業部門、製造部門、物流部門、スタッフ部門といった企業内におけるあらゆる機能が、顧客データの下に統合される必要があるわけです。

◆リレーションシップマーケティングとCRM

CRMとよく混同されがちな概念に**関係性マーケティング**（Relationship Marketing、以下**リレーションシップマーケティング**）があります。

リレーションシップマーケティングにもさまざまな定義がありますが、顧客と企業の間における「継続的・長期的な関係」「関係の双方向性」「関係の頻度・密度」といったようなことでまとめられます。

つまり、顧客の「企業への信頼」が高まり、企業の「顧客への理解」が深まる活動なのです。

■リレーションシップマーケティング

市場における顧客と企業の関係性

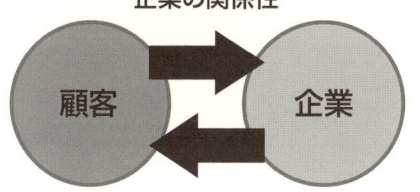

顧客 ⇄ 企業

- 顧客の「企業への信頼」が高まる
- 企業の「顧客への理解」が深まる

- 継続的・長期的な関係
- 関係の双方向性
- 関係の頻度・密度

CRMは、このリレーションシップマーケティングを実現するための仕組みであり、「**顧客志向の経営**」の実践プログラムであるといえます。

具体的にいうと、顧客を正しく識別することによる優良顧客の見極め、戦略的なリソース（経営資源）の配分による効率化、営業プロセスや人員体制の整備などの組織マネジメントといった企業全体に影響を持つ経営の仕組みです。

1-4 ICT(情報通信技術)の進展で高まるCRMの重要性

1990年代以降、IT環境の急速な進化で、消費者は自ら情報を得られる時代になりました。企業はこうした変化に対応した顧客との関係をつくっていく必要に迫られています。

◆CRMが重視される3つの要因

　詳しくは後述しますが、「**識別した既存の顧客と密接な関係性を構築し、優良顧客に育てていく**」というCRMは、多くの企業が全社を挙げて取り組むべき重要課題です。このCRMが重視されるようになってきた背景としては、次のような要因が考えられます。

①市場の変化

　規制緩和や国際化の進展に伴って、多くの企業が市場獲得にしのぎを削っています。そうした環境の中で、「護送船団方式」で同じような商品を並べても、消費者は見向きもしない時代になりました。

　企業は、競合他社との差別化、顧客の囲い込みといった施策に注力する必要があります。

　市場に参入したばかりで、成長の著しい企業・ブランドの場合は、「市場獲得を目標にいかに供給を途絶えさせないか?」に注力しますが、成長の踊り場を迎え、成熟期や衰退期に入ると、「既存顧客をいかに守るか?」が重要になります。自社の商品に磨きをかけるとともに、顧客との関係性にもより一層気を配らなければなりません。

　一方で、さまざまなサービスにおいて、競合他社がすぐに現われ、先行優位のタイムスパンが短くなっています。導入期や成長期の段階から、新規に獲得した顧客との関係を重要視し、維持する方策を採らなければ生き残れない時代になっているのです。

■CRMが重視される3つの要因

> ① 市場の変化
>
> ② 顧客の影響力の変化
>
> ③ 顧客のニーズの多様化

②顧客の影響力の変化

　顧客と企業の関係は、年を経るごとに、どんどん変化しています。かつては、一方的な企業からの情報開示だったので、顧客はそれを鵜呑みしながら消費活動を行なってきました。

　しかし、1960年代から70年代にかけて、消費者は度重なる企業側の不誠実な対応に対し、消費者運動を自発的に働きかけました。その結果、**消費者保護基本法**などの法整備を経て、消費者を守る動きが活発になります。**消費者庁**の設立も記憶に新しいところです。

　こうした動きに呼応するように、企業内にも「お客様相談室」などのカスタマーサービス部門が設置されるようになりました。

　1990年前後から2000年代にかけては、企業の公式サイトの開設や、Eメールによるお客様相談窓口の開始、フリーダイヤルの導入が相次ぎ、コールセンター市場が急拡大しました。

　現代では、インターネットの普及により、顧客が入手できる情報量が格段に増えました。競合商品との比較も容易になり、顧客間での情報交換も頻繁に行なわれています。**知識や情報を豊富に持つ顧客を相手に、企業は完全にガラス張りの状態になり、企業主導の一方通行でのコミュニケーションは成立しなくなりました**。

③顧客のニーズの多様化

　現代社会における消費者は、さまざまな商品の中から思いのままに好きなものを選択することができます。

　商品の選択の幅が広がる一方で、マス広告よりも友人・知人の口コミを信頼するようになりました。そして実際に気に入れば、共有（シェア）す

ることが当たり前のようになっています。

　企業に対して自分の要望をはっきりと伝え、必要があればSNSを通じて意見を表明するケースが増えているのです。

　ライフスタイルの変化に伴って、多様化する顧客のニーズをいかに捉えていくか、顧客をつなぎ止められるかが極めて重要になってきています。「顧客参加型の商品開発」も普及して、顧客との価値の共創がどんどん進んでいます。

　こうした顧客がターゲットになる現代の企業は、より深い顧客への理解とともに、顧客を維持・拡大していくための努力を積み重ねる必要があります。

◆CRMは1990年代からスタートした

　CRMへの取り組みは、1990年代半ばぐらいから始まったといわれています。古くから顧客の識別や顧客との関係性の構築はさまざまな形で行なわれてきましたが、CRMの始まりは営業担当者の営業活動をITシステムで支援する**SFA**（Sales Force Automation）だったとされています。これにより、営業の効率化、システム化、情報共有の効率化が進みました。

　また、顧客会員化のムーブメントにより、クレジットカードやポイントカード、マイレージサービスなどが、顧客の属性や購買履歴を管理する仕組みとして機能するようになりました。インターネットによる電子取引が普及してきたことが、その要因です。

　コールセンター（コンタクトセンター）などの**顧客接点**の拡大を含め、顧客接点の多様化、顧客接点から得られるデータの管理も重要な意味を持ちます。

　また、データベースの構築、データマイニング技術の進化、マーケティングオートメーションツールの登場などもあります。こうして、顧客管理の蓄積・分析・提案が簡単にできるようになり、自動化まで実現しています。

　ところで、かつてのマーケティングの定説では、「顧客の声に耳を傾けていても、革新的な商品は生まれない」と考えられてきました。しかし、いまやFacebookやTwitter、LINEなどのソーシャルメディアの普及により、顧客の声に耳を傾ける「価値共創マーケティング」が主流になりつつあり

ます。「顧客志向型商品」は、こうしたムーブメントの産物でしょう。

さらに昨今では、世の中のあらゆるデータを対象とした**ビッグデータ分析**が重要度を増しています。データを一元的に管理・分析して、活用する取り組みは、企業活動において切り離すことができない要素になっています。

◆ICTの進展で一層高まる顧客志向

以上のような現状に至った最大の要因は「**ICTの進展**」でしょう。ICTの進展は、顧客に情報を提供するだけではなく、企業にも革新をもたらしています。

ソーシャルメディアにおける顧客の能動的な消費活動により、顧客の趣味・嗜好や交友関係といったプロファイル情報、WEBマーケティング施策への反応状況、POSや電子マネーによる購買履歴などを顧客データの範疇に収めることができます。

顧客データを分析する技術も格段に進歩し、企業側から見た顧客の分類、優良顧客の明確化が容易になっています。

ソーシャルメディアの普及は、消費者一人ひとりのマーケットへの影響力を大きくしました。

逆に考えれば、該当する商品に関心を持っている層を潜在的な見込顧客として高い精度で捉えることも可能になってきているということです。

これらを踏まえると、企業経営において、顧客の声に耳を傾ける「顧客志向」の重要性は、これまで以上に高まっているといえます。

1-5
ソーシャルメディアの普及で起きているパラダイムシフト

> ソーシャルメディアの普及で、情報発信の主導権は「企業」から「消費者」に移行しつつあります。このパラダイムシフトを無視して企業の発展はあり得ません。

◆迫られるソーシャルメディアへの対応

　FacebookやTwitter、LINEなどのソーシャルメディアの普及に伴う消費者と企業の力関係のパラダイムシフトが起きています。これからはその変化を捉え、適応することが重要です。

　これまでは、企業から従来型のメディア（新聞・雑誌・テレビ・ラジオのマス4媒体や、インターネットなど）を介して、生活者・消費者に一方的に発信していました。あくまで、情報発信の主体は「企業」であり、「生活者・消費者」は受信者に他なりませんでした。ソーシャルメディアがこれだけ普及してきた現代社会においては、情報の伝達方法は様変わりすることになります。

　情報発信の主導権は企業から生活者・消費者に移行し、企業の一方的な情報発信は簡単には受容されないことになります。なぜなら、生活者・消費者間で、十分な情報を持つに値する多くのやり取りが行なわれ、情報が形成・伝達されていくためです。

　こうした時代のムーブメントは「大きなうねり」（グランズウェル）となって、新たな潮流となり、マーケティングのあり方そのものを大きく変えることになっていきます。

　ですから、マス広告での展開という従来の手法を踏まえながらも、これからはソーシャルメディアに対応したCRM施策を展開する必要があります（なお、ソーシャルCRMについて改めて第6章で説明します）。

■消費者と企業の力関係のパラダイムシフト

これまで

企業
↓
従来型のメディア
↓
生活者・消費者

- 情報の流れは一方的
- 企業が情報発信の主体、生活者・消費者は受信者

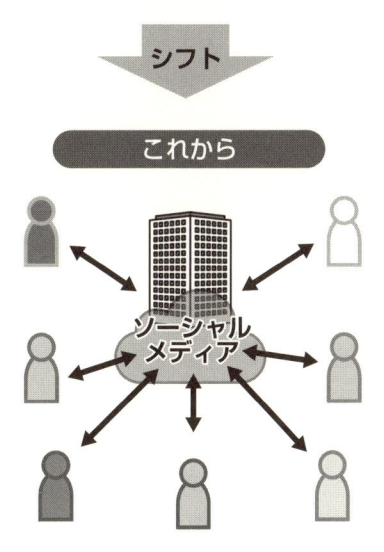

シフト

これから

ソーシャルメディアを介して、企業と生活者・消費者が相互にやり取り

- 生活者・消費者間のやり取りの結果、情報が形成・伝達されていく
- 情報発信の主導権は生活者・消費者に移行し、企業の一方的な情報発信は受容されない

第1章 なぜ、いまCRMなのか？

第2章

CRM戦略を実践する前に知っておくべきこと

2-1 戦略としてCRMを考える

> きちんと顧客を把握し、識別すること。その識別した顧客を「優良顧客」として維持・育成することで、顧客満足と企業収益の両方を高めることにつながります。

◆CRM＝顧客内シェアを広げること

CRMを戦略として捉えるにあたって重要になる指標が**顧客内シェア**（Customer Wallet）という考え方です。

「顧客内シェアを広げる」とは、一人ひとりの顧客が１つの分野の商品・サービスに使う金額の中で、競合他社よりも多くの金額を獲得することです。

たとえば、あるビジネスマンが、いつも同じCVSで、朝食や新聞・雑誌などを購入しているとします。そのCVSにとって、このビジネスマンのシェアは100％ということになります。

この顧客内シェアを広げることがCRMです。したがって、顧客の購入金額と来店ごとの購入単価を分析し、それらを向上させるように、顧客の信頼を勝ち取るような対策を打つことが必要になります。

もしかするとこのビジネスマンは、単に自宅か勤務先に近いという理由で、そのCVSに通っているかもしれません。

CRM的発想に立てば、毎日来てくれる顧客に、常に新しい発見や驚きをCVSで体験してもらいたいところです。そのうえで、そのCVSのファンになってもらえば、多くの顧客を呼び込む口コミ効果が期待できるかもしれません。

もちろん、顧客をファン化することは簡単ではありません。しかし、通りすがりに立ち寄る顧客を待っているのではなく、いつも通ってくれる顧客に対して、より多く、より高額な商品を購入してもらうために工夫でき

ることはあります。

◆CRMの基本的な捉え方

図表を見てください。これはCRMの基本的な捉え方を、売上と費用の関係性で示したものです。

■CRMの基本的な捉え方

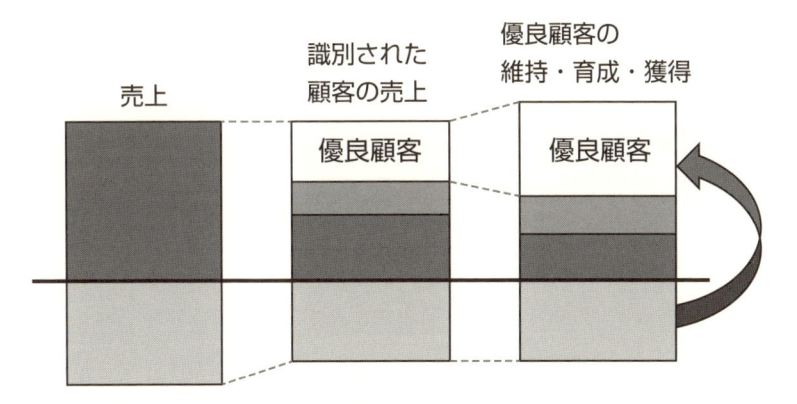

売上　　識別された顧客の売上　　優良顧客の維持・育成・獲得

優良顧客　　優良顧客

マーケティング経費（販促宣伝費・営業人件費など）

限りあるリソース（経営資源）を優先的に投入すべきターゲットにシフトチェンジして、効率的に顧客満足度と収益性の向上を目指す経営における選択と集中。

　CRMの基本的な捉え方としては、「**売上の内訳を顧客別に識別し、識別した優良顧客を維持・育成・獲得していくことによって、経費効率を上げていくこと**」になります。

　すべての顧客の要望を満たす充実したサービスを展開していくことは、各顧客との関係性の濃度によって、それぞれリソースに過不足が生じてきます。いわば、非効率な経費のかけ方ということになってしまうのです。

　顧客との関係度合いを見極めて、戦略的にリソースを配分することが経営上、重要な要素となります。リソースを最適に配分すれば、効率的に優良顧客を醸成し、収益の拡大をもたらします。

　しかし、多くの企業では、売上を獲得するために、営業人件費や販促宣伝費などのマーケティング経費を割いたうえで、利益を生み出す活動を実

施しています。

「費用対効果はどうなっているのか？」など、さまざまな議論が企業内で行なわれ、売上が低調であれば、マーケティング経費を削るといったわかりやすい経営判断が実践されているのです。

整理すると、CRM戦略とは「どのような顧客を経営戦略に合致する優良顧客とするか？」、さらに「優良顧客の維持・育成・獲得を通じて、顧客満足と企業収益の向上を実現する仕組みをどのように構築するか？」についての企業の戦略といえます。

■CRM戦略とは何か

どのような顧客を経営戦略に合致する優良顧客とするか？

　顧客の識別

優良顧客の維持・育成・獲得を通じて、顧客満足と企業収益の向上を実現する仕組みをどのように構築するか？

　顧客リレーションの構築

2-2 CRM戦略の全体像

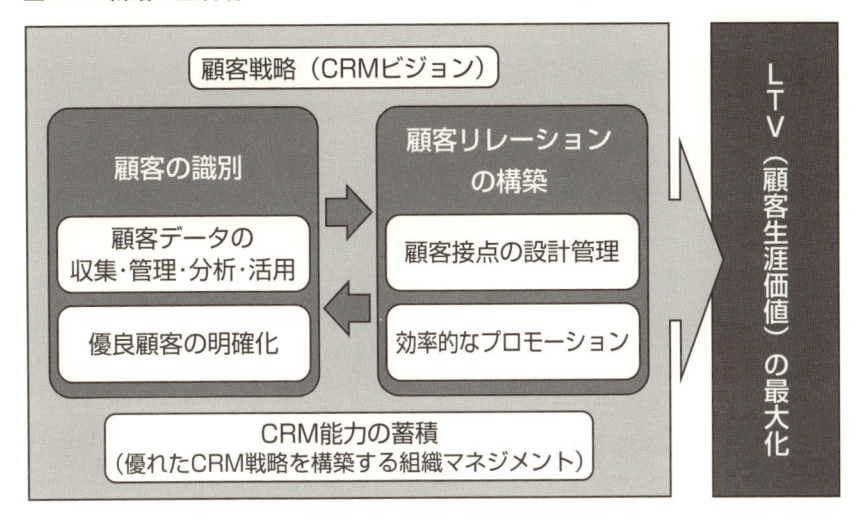

CRM戦略では具体的に何をすべきか？　それは顧客を識別した後、その中から優良顧客をはっきりさせ、関係を構築していくことでLTV（顧客生涯価値）を最大化させることです。

◆CRMの実践に必要なもの

「**顧客の識別**」と、識別した顧客との「**顧客リレーションの構築**」を行なうことで、**LTV**（Life Time Value：**顧客生涯価値**）の最大化を目指します。

■CRM戦略の全体像

```
顧客戦略（CRMビジョン）

  顧客の識別              顧客リレーション
                          の構築
  顧客データの
  収集・管理・分析・活用   顧客接点の設計管理

  優良顧客の明確化         効率的なプロモーション

  CRM能力の蓄積
  （優れたCRM戦略を構築する組織マネジメント）

→ LTV（顧客生涯価値）の最大化
```

(1) 顧客の識別

まず、顧客の識別を行ないます。顧客の識別を実施するためには、顧客

データを収集し、その収集したデータを管理・分析して活用する必要があります。

顧客データの収集・管理・分析・活用は、**「顧客を特定できること」**が絶対条件になります。顧客データと関連のない購買履歴は、単なる「売れ筋分析」に他なりません。「誰が」購入したかの「誰が」に結びつく情報を蓄積する必要があるのです。

収集した顧客データは、適切に管理する必要があります。**個人情報**を取り扱ううえでは、適切な管理は必須です。適切な管理の下で、収集したデータを分析することになります。

代表的な分析の手法としては、第3章で説明する**デシル分析**や**RFM分析**などがあります。

データ分析は、顧客の識別において重要な部分です。苦労して収集したデータを活かすも殺すも、分析する方向性次第です。

こうした分析を経て、企業の戦略を体現する**優良顧客の明確化**を打ち出し、顧客の識別に一定のメドをつけます。

顧客の識別、優良顧客の明確化については第3章、顧客データの収集・管理・分析・活用については第5章で説明します。

(2)顧客リレーションの構築

顧客の識別に一定のメドがつけば、識別した顧客を中心に、あらゆる顧客との関係(**顧客リレーション**)を構築する段階に移ります。

ここで、**顧客接点の設計管理**を実施します。「顧客対応」や「営業プロセス」など、すでに整備している企業も多いでしょう。ここでは、すでに整備しているものも含めて考えていきます。

顧客対応や営業プロセスにおいて、顧客データは収集できているでしょうか。できている場合、他のチャネルとのシームレスな連携が行なわれているでしょうか。顧客データの収集の観点からも、顧客対応や営業プロセスを設計する必要があります。これについては、第4章で説明します。

単に顧客接点の設計管理といっても、なかなか実現できるものではありません。全社的な視点で取り組む必要があります(**組織の改革**)。

最適な顧客接点の設計管理の下に、識別した顧客に対して**効率的な**プロモーションを展開することで、顧客との関係性をより深いものにすることができます。

◆LTV(顧客生涯価値)を最大化する

　CRMの目的は、**LTV**（**顧客生涯価値**）の最大化です。

　1人の顧客が、ある商品・サービスに支払い続ける金額の合計額（いわゆる売上）があります。一方、商品・サービスを提供する企業・ブランドが1人の顧客を獲得したり、維持したりするための費用（いわゆる経費）があります。

　この売上と経費の差額がLTVの源泉です。つまり、1人の顧客がある商品・サービスや企業・ブランドに対し、生涯にわたりどれだけの価値（いわゆる利益）をもたらしてくれるかを測る指標なのです。

　LTVという指標は、**1顧客1ID化**できていることが前提ですが、さまざまな応用が可能です。

　私がCRMコンサルティングを行なっている**ソシエ・ワールド**（87ページ参照）では、新規顧客を獲得するために、インターネット広告（リスティング広告やアフィリエイト広告など）やマス広告、テナントとして入店している百貨店のDM、店頭POPなど、あらゆるメディアを駆使してマーケティング活動を展開しています。

　これまでも、新規顧客の流入経路は確認していましたが、LTVの概念を取り入れてからは、流入経路の媒体別に新規顧客化後の購買履歴を紐づけて管理・把握するようになりました。こうして蓄積した情報をもとに、新規顧客の流入経路の効果測定に活用しています。

◆企業としてCRM能力を蓄積する

　顧客の識別、顧客リレーションの構築を行なう中で欠かすことができないのは、企業としての**CRM能力の蓄積**です。

　優れたCRM戦略を構築するためには、「組織マネジメント力」は欠かせない要因です。いかに優れたCRM戦略を構築したところで、実践に移す際に経営トップを含めたマネジメント層の理解を得られなければ、計画が"絵に描いた餅"になってしまいます。

　企業がCRMを顧客に焦点を当てて行なう経営戦略として捉え、全社を巻き込んだ取り組みとすべきなのです。

2-3 CRMの導入にあたり課題になること

> CRMは単なるシステムではなく、「経営の仕組み」ということを担当者に周知徹底することが必要です。この意識がなければ、導入しても必ず失敗します。

◆経営の仕組みとしてのCRM戦略

　CRMは単なるマーケティングの手法ではなく、企業全体に影響を持つ経営の仕組みです。しかし、企業の経営幹部の多くは、CRMをシステムの導入と同義に捉えている節もあります。システム部門やマーケティング部門など、特定の部門でしか実態をつかんでいないからかもしれません。

　限られたリソースを有効に活用するために、顧客を選別し、対応していくという考え方がCRMの柱です。ただし、顧客を選別することは、優良顧客と判断する売上上位顧客だけを優遇し、中位はそれなりに、下位は切り捨てるということではありません。

　顧客との関係度合いは状況によって違ってくるため、それぞれ異なったアプローチで実施したほうが、より実効性があるということです。

　選別の仕方1つとっても、読み誤ることがあります。せっかく完成度の高いCRMシステムを導入しても失敗する理由の1つは、組織全体での取り組みになっていないことが多いからでしょう。

　経営の仕組みとしてのCRM戦略が、いつしか目的的なシステムの導入という姿に変わり果ててしまう場合は、必ず失敗します。「手段の目的化」という落とし穴にはまらないようにしましょう。

◆調査結果から見える担当者の本音

　図表を見ると、CRMの導入に向けていくつもの課題が挙げられています。

「成果が出るのに時間がかかる」「成果が目で見えにくい」「投資効果が測れない」など、担当者が頭を悩ませる視点ばかりです。

■CRMを実施するにあたり課題とされること

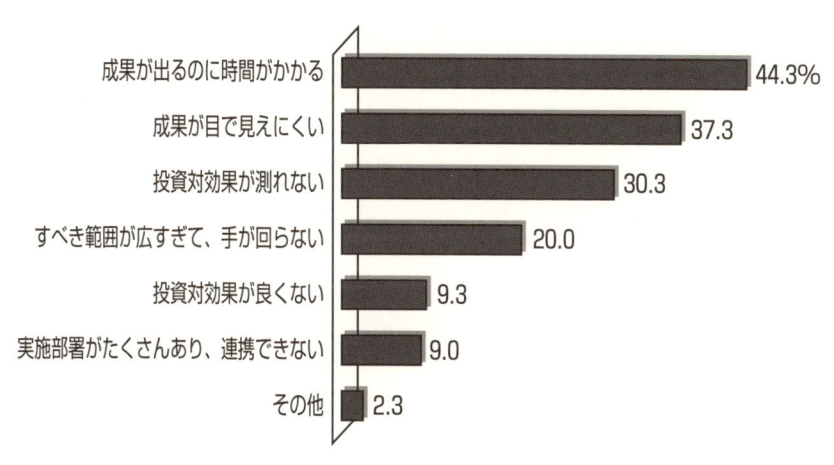

- 成果が出るのに時間がかかる　44.3%
- 成果が目で見えにくい　37.3
- 投資対効果が測れない　30.3
- すべき範囲が広すぎて、手が回らない　20.0
- 投資対効果が良くない　9.3
- 実施部署がたくさんあり、連携できない　9.0
- その他　2.3

出所：電通イーマーケティングワン『「CRM」に関する意識調査』（2010年）

◆データ分析で顧客の選別を

マーケティング部門の責任者から、「**新規顧客の獲得コストと既存顧客の維持・拡大コストは、別の予算で考えざるを得ない**」という話をよく聞きます。本当にそうなのでしょうか。

これまでのCRM戦略は、目の前に顕在化している顧客を維持・拡大させるために講じる施策でした。DM施策においても、きちんと顧客を選別して実施すべきです。休眠顧客を対象にDMを送っていないでしょうか。限られたリソースをいかに効率的に配分するかを考えれば、より確度の高い顧客に濃密なリレーションを構築するという結果が出てくるはずです。

こうしたことを実践するためにも、**データ分析力**は備えるべき条件の１つです。顧客の本質を見抜く洞察力を持った人材の確保が急務です。仮説に基づくデータ分析により、顧客の購買行動を予測することにもつながるからです。

2-4 御社はCRMに向いている？向いていない？

> CRMを成功させるためには、企業として「方向づけ能力」「学習・市場志向能力」「統合能力」「オペレーション能力」「分析能力」を備える必要があります。

◆CRMの導入は顧客を識別できることが前提

「わが社はB to B（Business to Business：企業間取引）なので、CRMには向いていない」

「良い商品をつくれば、顧客は自然とついてくる」

CRMを導入するか否かの議論の前に、CRM戦略を導入すべきか否かという大前提を考えなければならない企業もあるでしょう。その際、顧客を識別することができるか否か、そのことによって、CRMの導入に意味があるか否かを検討してみてください。

顧客を識別できない場合は、CRM戦略を導入したくてもできません。食品メーカーであれば、つくった商品は小売業を通じて販売されることがほとんどです。ですから、顧客を識別する手段は、「お客様相談窓口」での問い合わせ以外にはむずかしかったのも現実だと思います。

しかし、ICTの進展により、食品メーカーでも、エンドユーザーとの対話が可能になってきているのが最近の流れです。物理的に顧客との距離が遠くても、あらゆる手段を使って、顧客のさまざまな声が入ってきます。顧客と双方向のコミュニケーションが持てるということは、顧客を識別できる可能性も高まっているということです。

◆CRMの導入にあたり必要なもの

皆さんの会社がCRMに向いているか・向いていないかは、企業の収益

を効率的に上げることを経営陣が考えているかどうかによります。

小樽商科大学大学院ビジネススクールアントレプレナーシップ専攻・近藤公彦教授は、CRMの導入にあたり、企業として備えるべき要素（能力）として次のような例を挙げています。

①方向づけ能力

CRMビジョン（顧客戦略）を全従業員レベルにまで浸透させなければなりません。企業組織や導入するCRMの仕組みが進むべき方向性を示す役割を担います。これは、経営幹部が持つべき能力です。

②学習・市場志向能力

顧客や市場に関する情報を収集し、学習を重ねることで、**カスタマーインサイト**（消費者がなぜそう考え、なぜそういった行動をとるのかという動機を探ること）が得られます。新たな発見は、顧客サービスの改善や革新的な商品開発を可能にするものなので、組織全体で共有する必要があります。

この情報を収集し、共有することにより、継続的な改善を図ることがCRMの基本的な流れです。

③統合能力

多岐にわたる顧客接点を統合させる能力です。単に統合させるだけではなく、経営幹部の主導の下、組織全体の広範囲な経営諸機能における情報の還流を実現する必要があります。

④オペレーション能力

CRMのITを活用した戦術から組織全体の戦略まで、多様なオペレーションが考えられます。どのような戦術・戦略を実行するかだけではなく、実行を可能にする優れた組織能力が必要になります。

⑤分析能力

顧客分析の結果を経営情報に変換する能力が重要です。単に分析するだけではなく、カスタマーインサイトを導き出し、望ましい経営成果をもたらす指針を打ち出す能力です。

すべての要素を現有のリソースで準備することは、すぐにはむずかしいかもしれません。部分的に不足する要素は、外部リソースを積極的に活用して整えることも重要です。

■CRMの導入にあたり必要なもの

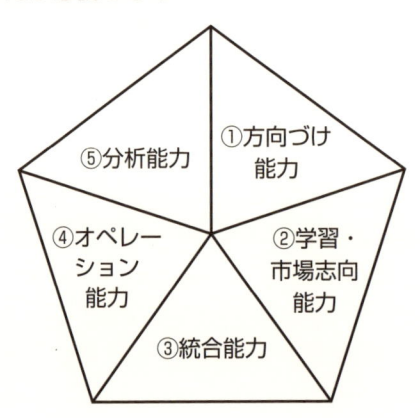

- ①方向づけ能力
- ②学習・市場志向能力
- ③統合能力
- ④オペレーション能力
- ⑤分析能力

2-5 消費財メーカーにとってのCRMの必要要件

消費財メーカーのCRMにとっての最重要テーマは、自社発行の広報紙やパンフレット、自社サイトなど、「オウンドメディア」（自社メディア）のサービスプラットフォーム化にあります。

◆重要な経営のテーマとしてのCRM

　資生堂やサントリー、江崎グリコ、味の素などに代表される消費財メーカーは、流通網を介さなければ、顧客接点を持つことはありませんでした。しかし、消費財メーカーにとっても、CRMは大変重要な経営のテーマになりつつあります。その背景として、消費財メーカーのマーケティング活動を取り巻く次のような環境変化が挙げられます。

- 長期化するデフレ環境下、消費財メーカーのマーケティング部門において、中長期的なブランド構築から、短期的な売上にミッションが変化
- マス広告中心のコミュニケーション活動から、WEB上でのSNS中心の双方向のコミュニケーション活動にシフト
- 消費財メーカー自らが、ECビジネスの立ち上げや通販事業など、顧客とのダイレクトな関係を構築しようとする動きの本格化
- 消費財メーカーによる顧客とのダイレクトな関係の構築を通じて、顧客の購買行動データの入手や分析を可能にするシステムへの意識や関心の高まり
- 消費財メーカーのマーケティング部門によるコミュニケーション活動に、ROI（Return on Investment：費用対効果）導入の一般化

　消費財メーカーではすでにCRMの具体的な取り組みが始まっています。

たとえば、各社のWEBサイトにおける「コミュニティ」の構築です。**資生堂**『**ワタシプラス**』や**サントリー**『**サントリータウン**』、**日本コカ・コーラ**『CoCa-Cola Park』、**ネスレ**『**ネスレアミューズ**』、**P&G Japan**『Myレシピ.com』など、企業が自らメディアとなって、顧客とダイレクトにつながり、新しい関係性の構築を進めています。

◆7つの戦略シナリオ

　消費財メーカーにとって、CRMの必要要件は何でしょうか。
　まずは、**オウンドメディア**（自社メディア）の再構築です。マーケティング活動において、自社発行の広報誌やパンフレット、自社サイトなどが、CRMのプラットフォーム（土台）として機能していなければなりません。
　そこで、次の7つの視点に基づいて戦略シナリオを策定することが必要になります。

①すべての顧客接点と連携可能な会員プログラムの構築

　実店舗や商品パッケージ、広告・販促施策など、顧客の購買行動におけるあらゆる接点とオウンドメディアが連携していなければなりません。
　そのためには、オウンドメディア上で会員プログラムを構築する必要があります。つまり、オフライン領域に存在するすべての活動（商品や広告・広報、営業や店頭販売など）は、オウンドメディアの会員化施策への導線になるべきです。
　テレビCMなどで、「続きはウェブで」「ソーシャルメディア公式アカウント」といった表示を目にしたことがあると思います。先進的な企業では、会員化施策のログイン方法としてソーシャルメディアのアカウントと連携した「ソーシャルログイン」を用意し、ユーザビリティを向上させながら、ソーシャルメディア上で情報の発信や拡散を行なっています。

②構築した会員プログラムの顧客データベースとしての正確さの追求

　消費財メーカーのマーケティング活動の生命線は、自社の商品を購入する顧客像を正確に理解することです。しかし、消費財メーカーは自社の商品の店頭販売情報を直接的に保有することができません。市場調査など、定性的情報に頼らざるを得ないのが実情です。

■**消費財メーカーにおけるオウンドメディアのマーケティングプラットフォーム**

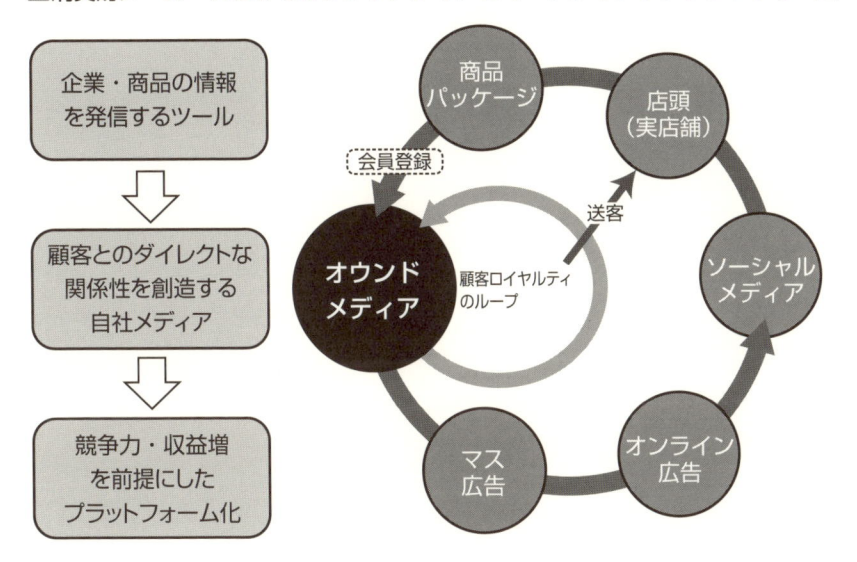

```
企業・商品の情報           商品
を発信するツール         パッケージ      店頭
                                    （実店舗）
    ↓          会員登録
                                    送客
顧客とのダイレクトな
関係性を創造する      オウンド              ソーシャル
自社メディア        メディア    顧客ロイヤルティ  メディア
                          のループ
    ↓
競争力・収益増
を前提にした         マス          オンライン
プラットフォーム化     広告           広告
```

　オンライン通販でない限り、流通・小売企業の販売データ（POSデータなど）まで保有するのはむずかしいことですが、顧客（会員）のさまざまな情報を取得するとともに、流通・小売企業の販売データとの連携を可能にする体制を構築すべきです。

　正確な情報を保有することで、企業間連携による情報の深化が望めます。

③オウンドメディア上での顧客ベネフィット（便益）の継続的な提供

　優れたオウンドメディアには、共通の特徴があります。それは、単なる情報サイトにありがちな顧客からの訪問を待つだけの受動的な位置づけにあるものではありません。

　既存顧客や潜在顧客に対して、企業側から積極的に情報発信を行ない、さまざまなアプローチが行なわれています。そして、顧客を「個客」として理解し、継続的な関係を強化するための顧客サービスを提供するオンライン店として取り組まれています。

　新商品のモニター募集、プレゼントキャンペーン、ポイントプログラムなどの取り組みがなければ、移り気な顧客の興味・関心を継続的に引きつけておくことは困難です。

④顧客データベースの構築に基づくCRMシステム実装

　オウンドメディアのサービスプラットフォーム化には、基幹システムのネットワーク内で、膨大なストレージ容量を食い潰している顧客データを有効に活用するための仕組みが必要です。

　そのために、外部ベンダーやASP（アプリケーションサービスプロバイダ）との連携も検討しなければならないでしょう。

　近年、インターネットサービスにおける「クラウド活用」が加速化し、コスト面やセキュリティ面など、いままでボトルネックになっていた課題も解決できるようになっています。システム的な運用や管理は、**クラウドサービス**を専門とするベンダーなどと協業し、社内のIT部門やコンプライアンス部門と連携しながら達成することが求められます。

⑤オウンドメディア（オンライン）と自社の商品の売場（オフライン）をつなぐO2O施策

　O2O（Online to Offline）の主要サービスとして、スマートフォンやタブレット端末の普及とともに、消費財メーカー主導型のクーポン関連サービスが台頭すると考えられます。

　これによって、圧倒的な情報量を持つ流通・小売企業との関係が変化する可能性があります。

　オウンドメディアのプラットフォーム上にある自社の会員組織におけるデータベースを、**DMP（データマネジメントプラットフォーム）** に結合します。そして、高度な広告配信システムとの連携や、自社CRMのシステム化を通じて、店頭・売場への送客モデルを構築します。このとき、消費財メーカーのマーケティング活動は大きく変革するはずです。これこそが、**データ駆動型マーケティング**の方向性を示唆するものでしょう。

　消費財メーカーがO2O施策を駆使すると、流通・小売企業との商談の内容が劇的に変化します。営業担当者の主な業務は、商品情報やキャンペーン情報の提供、納入価格やリベートの条件の交渉による売場の拡大・確保から、担当する流通・小売企業の売場への自社会員のO2O送客施策の戦略提案にシフトしていくでしょう。

　そうなると、オウンドメディアのプラットフォーム上の会員基盤およびプロモーション力に基づく送客力こそが、消費財メーカーの新しい競争力になるのです。

⑥会員プログラムから得られる情報の外部連携を含めた徹底活用

　消費財メーカーの場合、いままでは単なるメールマガジンの受発信の許諾を取りつけた会員の多寡が求められていました。しかし、メルマガ会員の拡大だけでは、広告コストの効率化は期待できるかもしれませんが、収益性の向上に結びつけることはできません。

　したがって、オウンドメディアのプラットフォーム上に構築した会員プログラムを通じて、顧客データベースをさまざまなセグメントに分類し、会員の購買行動データとの連携や分析を継続的に行ない、顧客セグメントに基づくコミュニケーションやプロモーション施策を実行していくことが必要なのです。

　キャンペーン施策ごとの参加状況や反応、クーポンのダウンロード実績や利用実績、オウンドメディアへの訪問回数や訪問頻度など、消費財メーカーにとって活用可能なデータは数多く存在します。

　有効なデータと連携しながら、自社会員のセグメント抽出や類型化を行ない、本書で説明するCRMの基本を実践するのです。

⑦CMO型組織によるセールスとマーケティングの一体的運営によるシームレスな意思決定力と実行力

　国内企業では、1人の**マーケティング最高責任者**（Chief Marketing Officer：**CMO**）がすべて担当するのはむずかしいという論調があります。しかし、消費財メーカーのマーケティング活動を考えた場合に、従来型のマーケティング部門だけでは情報環境の変化に対応できなくなっています。

　消費財メーカーも、自らの意思に基づき、顧客を知り、顧客とのダイレクトなコミュニケーションを通して、顧客の変化に対応するためのCRMの実行に向けた社内の複数の部門を横断する機能を持つ組織体制が必要になります。

　顧客データベースの構築やインターネットサービスとの連携でさえ、IT部門の協力なしに前進させることはできません。

　また、O2O消費市場においては、流通・小売企業に対する営業部門の役割が変化していくのです。

　これからのメディア環境の変化を捉えると、広報部門の役割も、対メディアから対顧客まで情報管理の範囲を拡大していかなければならないでしょう。

1人のCMOが次世代のマーケティング部門をリードしていくには、もう少し時間がかかるかもしれません。したがって、CMO機能を持つ組織で対応するのが現実的でしょう。

◆データは万能ではない

消費財メーカーのCRMは、すべてのマーケティング活動が顧客とダイレクトにつながっていくことと同義になるでしょう。オウンドメディアが急速にサービスプラットフォーム化し、**顧客エンゲージメント**がさまざまな施策を通じて強化され、CRMを回しているという姿を想像してください。その実行を強力に牽引するのが、データ駆動型マーケティングであり、企業の新しいアドバンテージ（競争優位）を創出するものとなるのです。

データ駆動型マーケティングに基づく企業のマーケティング活動は、この数年で大きな進化を遂げています。ただし、データは万能ではありません。さまざまなパラメータ（変数）が存在する企業のマーケティング活動において、データは未来を完全に予測できるツールにはなり得ません。「何を買ったか？」は捉えられるかもしれませんが、「なぜ買ったか？」をリアルタイムに証明するのはなかなか困難です。

データが顧客の深層心理を的確に把握するツールになり得ないからこそ、顧客に対する深い洞察力と顧客を動かすクリエイティブ能力が常に求められます。

2-6 CRMを導入する際に決めておくべきこと

どのレベルの顧客に焦点を絞り、どの商品を選ぶか。そして、それを対象にしたCRMの担当者を誰にするか。CRMを導入する前に決めておきましょう。

◆顧客と商品のレベルを決め、担当者を選定する

CRMを実践していくにあたり、決めておかなければならないことがいくつかあります。

⑴対象顧客をどのレベルまでにするか？

フランスの調理器具ブランドである**ル・クルーゼ**は、4種類の販売チャネルを持っています。①**路面店**、②**百貨店**、③**アウトレット店**、④**オンライン店**です。すべてのチャネルの顧客データを統合させることを目標に掲げ、具現化の方策を探っています。

顧客データの取得状況も各チャネルによってレベル感が違います。オンライン店は完全に把握していますが、路面店はある程度、アウトレットは皆無、百貨店は未知といった具合です。

多くの場合、CRM戦略を展開するといっても、スタートラインに立つための整備から始まるのです。

⑵CRMで捉える対象商品をどのレベルにするか？

CRMで捉える対象商品をどのレベルにするかも決めなければなりません。

ブランド企業では、商品アイテムも多岐にわたるので、コートやブラウス、アクセサリーなどのジャンルごとに顧客の購買履歴の分析を行なっています。

第5章で説明する**クラスター分析**を行ない、顧客の購買傾向を把握し、

顧客ごとに販売方針を変更するといったきめの細かい接客を実現させています。

オールアイテムを展開しているので、顧客の買い回り状況の分析を商品カテゴリー単位で行ない、実践することで、顧客の維持に努めています。

(3)CRMの担い手を誰にするか？

CRMの責任者は社長ですが、社長1人でできるものではありません。全社を挙げて実施していくべきですが、顧客管理の中心になる担い手は必要です。

では、誰に担わせるかですが、業種や業界によってさまざまです。大きく分ければ3つに分類できます。

①現場型

現場担当者が顧客接点の管理も顧客資産の管理も（データ入力も分析も）行ないます。当然ながら、現場の負担は大きくなりますが、現場の力も強くなるはずです。

■CRMの担い手

- 現場型：現場担当者が顧客接点・顧客資産の管理を行なう。
- 本社型：本社が現場担当者として顧客接点・顧客資産の管理を行なう。
- スタッフ型：顧客資産の管理は分業、社内スタッフ、あるいは外注。

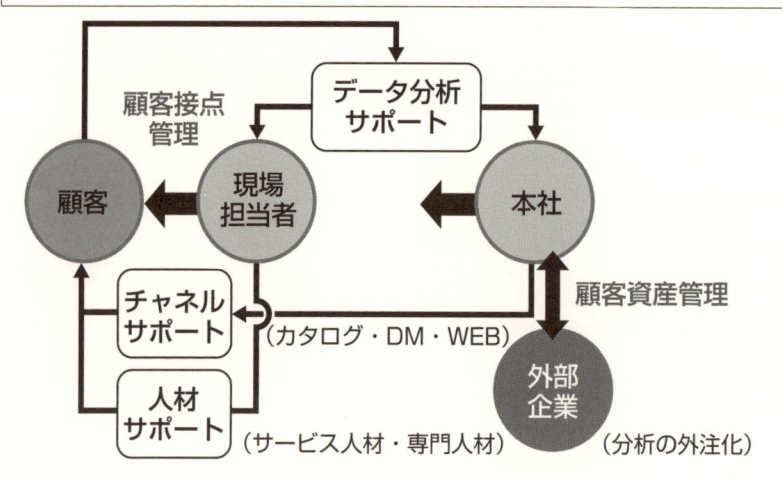

②**本社型**

　本社が現場担当者として、顧客接点・顧客資産の管理を行ないます。

③**スタッフ型**

　顧客接点の管理は現場でも本社でもよいのですが、顧客資産の管理は社内スタッフもしくは外注で行ないます。

　サービスの均一化を図っていくためには、②**本社型**や③**スタッフ型**が望ましいでしょう。

　複数の店舗を運営している企業で、どの店頭でも顧客に同一のサービスを提供する場合は、本社で顧客管理を行なう必要があります。

　現場だけで顧客管理を行なっている場合は、顧客と現場の距離感が近いため、現場担当者が変更になると、顧客が流出してしまう恐れもあります。

　CRMの担い手を誰にするかは、経営判断としても重要な分岐点になりますが、それ以前に大切になるのが、**経営陣のコミットメント**です。何の方針もなく漫然と顧客管理を行なっていては、顧客データの精度は粗く、いい加減なものとなってしまいます。

　顧客データの精緻化は極めて重要です。

2-7 CRMの取り組みを分析・評価する視点

CRMの成果は「6つの分析」によって評価できます。ただし、短期的な成果を求めてはいけません。中長期的に見れば、必ず顧客は維持されるはずです。

◆CRMの成果を明確にする

ところで、CRMにおける成果とは何でしょうか。CRMの導入にあたり、成果を明確にしておくことは重要です。

CRM施策そのものの成果なのか。施策を含む全体の業績なのか。その成果に対する期待内容、期待度合い、具体的な目標などを設定する必要があります。

たとえば、「顧客の離反率の改善」や、「優良顧客の維持率・獲得率、リピート率の向上」などが考えられます。営業活動に即した目標とすることで、成果も見えやすくなります。

■CRMの成果（例）

- （企業が定義する）優良顧客数・率
- 優良顧客の年間購入金額・割合
- リピート率
- 顧客1人当たり年間購入金額
- 顧客1人当たり年間来店回数
- （特定期間における）稼働数・率
- 新規顧客の獲得数・率

◆6つの分析と評価の視点

では、そのCRMの成果は何をもって評価すべきでしょうか。CRM戦略を導入し、その取り組み自体が正しいか否かについては、中長期的な判断が求められます。

①どのような顧客データが収集され、どのように分析され、顧客対応（営業・商品開発など）に活かされているか？

「顧客の情報は収集しているが、まったく活用していない」「収集すらしていない」「分析方法がわからない」といった企業は少なくありません。

そこで、どのような顧客データが収集され、それがどのように分析され、顧客対応（営業・商品開発など）に活かされているのかを確認してください。

識別できる顧客であるかどうかが重要です。来店客数や取引件数が上がった・下がったというデータだけでは、顧客データの収集にはなりません。「いつ」「どこで」「誰が」「何を」「いくらで（金額）」「どれくらい（数量）」「どのように」といった視点が必要になります。

②どのように顧客を識別しているか？

収集したデータをどのように分析し、識別しているか。第3章で説明するRFM分析などにより、顧客を区分できているかという視点は大切です。

把握できているレベル感について確認しておきましょう。

③優良顧客の設定は適切か？

「売上」で判定しているケースが一般的です。

顧客を識別できれば、どういった層が優良顧客かを捉えることが可能になります。顧客全体に占める優良顧客の割合はどの程度が最適かは、シミュレーションする必要があります。

優良顧客を囲い込む施策を重点的に実施していくわけですから、費用対効果も検証しなければなりません。ここまでが、顧客の識別の段階において評価すべき視点です。

④顧客戦略に合った顧客リレーションか？
　適正なレベルでの顧客リレーションであることは、限られたリソースの有効活用という観点からも重要です。
　あらゆる顧客接点において、情報が還流できているかという視点が求められます。

⑤優良顧客の維持・育成・獲得の施策はどうか？
　絶え間なくビジネスは続くわけですから、優良顧客も当然、入れ替わりが発生してきます。そこで、優良顧客の維持・育成・獲得の施策がきちんと組み込まれているかという評価の視点があります。
　CRMの実践において優先度が高いのは、「優良顧客の維持」です。その優良顧客が生み出す売上貢献度は認識できているでしょうか。多くのケースで、見逃せないほど高い貢献度になっているものです。

⑥CRMを通じて獲得された組織能力はどのようなもので、さらなる成長戦略に活かされているか？
　データ分析の業務は外部に委託していることもあるでしょう。しかし、外部任せではなく、CRMを通じて獲得した組織能力はどのようなもので、さらなる成長戦略に活かされているかなど、組織マネジメント的な評価の視点も持つべきです。
　CRMを実践すれば、短期的な成果は望めなくとも、中長期的に見れば、必ず顧客は維持され、永続的な企業の発展に寄与します。

■CRMの取り組みを分析する・評価する視点

①どのような顧客データが収集され、どのように分析され、顧客対応(営業・商品開発など)に活かされているか?

②どのように顧客を識別しているか?

③優良顧客の設定は適切か?

④顧客戦略に合った顧客リレーションか?

⑤優良顧客の維持・育成・獲得の施策はどうか?

⑥CRMを通じて獲得された組織能力はどのようなもので、さらなる成長戦略に活かされているか?

第3章

顧客を識別し、
優良顧客を明確化する

3-1
「顧客」とはいったい誰なのか？

> 企業の売上の多くに貢献している「少数の顧客」をターゲットにします。そして、限られたリソース（経営資源）をその少数の顧客に投入することが大切です。

◆お客様は平等？

　「顧客対応が丁寧である」「接客サービスが良い」といったことだけでは、CRMを実践しているとはいえません。

　「顧客を適切に識別し、ターゲットとする顧客の満足度と企業収益の両方を高めるための経営における選択と集中の仕組み」を実践することは、**お客様すべてに対する平等の取り組みからの脱却**を意味します。

　すべてのお客様に対して、平等にサービスを実践することが、従来からのサービス提供の考え方かもしれません。しかし、公共サービスでない限り、平等なサービスの提供によって、すべてのお客様の満足度と企業収益の両方を高めるのは大変むずかしいことです。なぜなら、企業のリソース（経営資源）は限られているからです。

　仮に10万円の予算を使って、100人のお客様を維持するための施策を展開するとします。

　100人のお客様を対象にマーケティング活動を行なうと、1人のお客様にかけられる経費は1000円です。

　一方で、お客様100人の購買履歴を見ると、より多く購入しているお客様が10人いたとします。その10人のお客様に施策を投入することで、1人につき1万円をかけられるとすれば、どうでしょうか。

　後者のほうが顧客は維持され、より多く購入する可能性が高いのです。

■ 1人の顧客にかけられるマーケティング経費

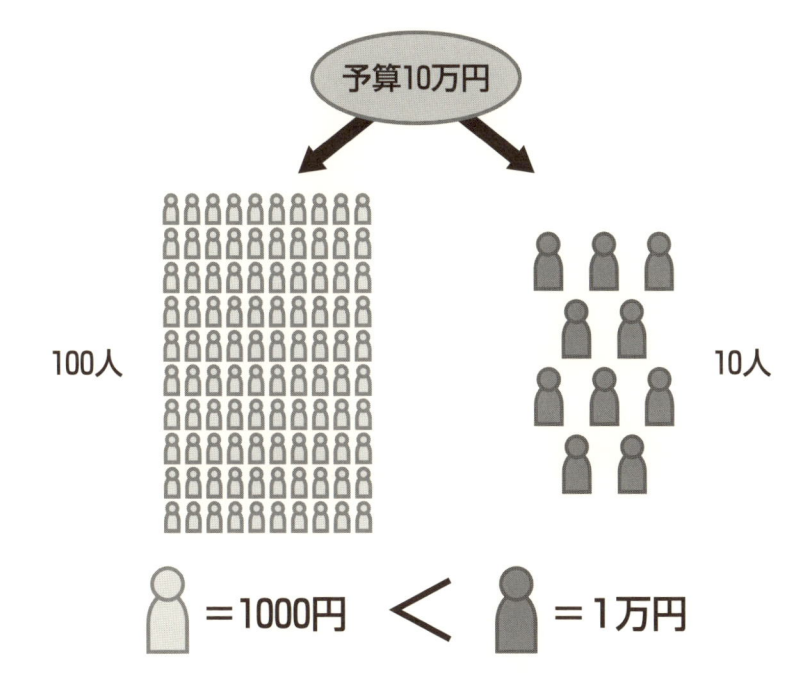

予算10万円

100人　　　　　10人

🧍 =1000円　<　🧍 =1万円

◆売上の80％は20％の顧客が生み出していることが多い

　多くの企業にとって「１回きりのお客様が大半を占める」とよくいわれますが、あながち間違ってはいません。
　ビジネスにおいて、「**売上の80％は20％の顧客が生み出していることが多い**」という説が**パレートの法則**です。20：80（ニッパチ）の法則と呼ばれることもあります（次ページ図表参照）。
　パレートの法則は、イタリアの経済学者ヴィルフレド・パレートが発見した冪乗則という統計モデルです。経済以外にも自然現象や社会現象など、さまざまな事例に当てはめられています。
　これまで私がCRMコンサルティングを担当した企業でも、おしなべて同様の傾向が見られました。もちろん、３割の顧客で７割の売上だったり、２割の顧客で６割の売上だったりと、業種や業界、企業によってその割合は異なりますが、「少数の顧客」が多くの売上に貢献しているのです。
　ですから、その**少数の顧客を特定すること**が重要になります。

■パレートの法則（2：8の法則）

- 構成要素を大きい順に並べたとき、上位20％の要素で全体の80％程度を占めることが多いという経験則。
- 上位20％の顧客の購入総額（または商品）が、売上の80％を占めるといわれている。
- ECの場合は上位約３割の顧客で売上の約７割を占めることが多い。

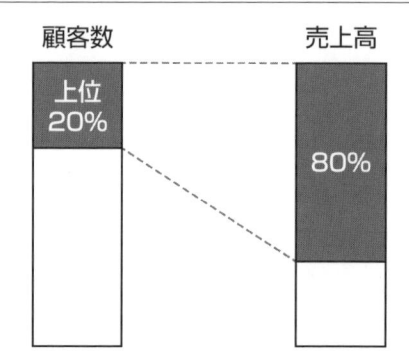

顧客数　　　売上高

上位20%

80%

◆「名無しの権兵衛」より常連顧客

　たとえば、あるドラッグストアに１日100人、１か月延べ3000人のお客様が来店しているとします。この中で、大勢の誰かに対して「本日は特売です！　すべて半額ですよ！」と投げかけるよりも、特定の上得意顧客に、購入に応じた割引を行なうほうが効率的です。

　半額特売日の設定も、キャンペーン的にプラスの効果をもたらす面が多いかもしれません。しかし、特売を頻発すれば、お客様はその日しか買いに来ないかもしれません。通りすがりで、もう二度とそのドラッグストアでは買わないかもしれないお客様に対しても、半額で提供していることになります。

　このように多くのキャンペーンは、不要な割引を実施しているのです。

　最近流行のクーポン配信では、たとえば高級なレストランで、通常の３分の１ぐらいの価格でフルコースを提供することを当たり前のように目にします。その瞬間は満席になるかもしれませんが、来てくれたお客様は、果たしてそのレストランの常連顧客になり得るでしょうか。その確率は、私は低いと思います。

一方で、本来の常連顧客はどのように感じるのでしょうか。「**いつもと違う客層で埋まっている**」「**入店すらままならない**」「**居心地の悪い場所になりつつある**」と感じる可能性があります。つまり、本来の常連顧客さえも、失いかねない施策になり得るのです。

　継続的に取引できる顧客をきちんと囲い込んでいくことから始めるべきです。それには、通りすがりの誰かわからない「名無しの権兵衛」ではなく、いつも来てくれるお客様が「Ａ野Ｂ子さん」であると認識することから始めるべきなのです。

3-2 顧客識別のプロセスを確認する

> 顧客を識別するにあたって、購買履歴が紐づけられることは必須の要素です。企業から見れば、顧客に情報が伝えられる（宛先がわかる）ことが重要です。

◆顧客識別ピラミッド

まずは、図表を見てください。**顧客の識別（顧客識別ピラミッド）**が、CRMの最初の一歩となります。

■顧客識別ピラミッド

- 企業はどのレベルの「顧客」を把握できるか？
- 企業はどのように「顧客」を把握できるか？
- 企業と顧客の関係度合いを区別し、顧客層のそれぞれを把握する。

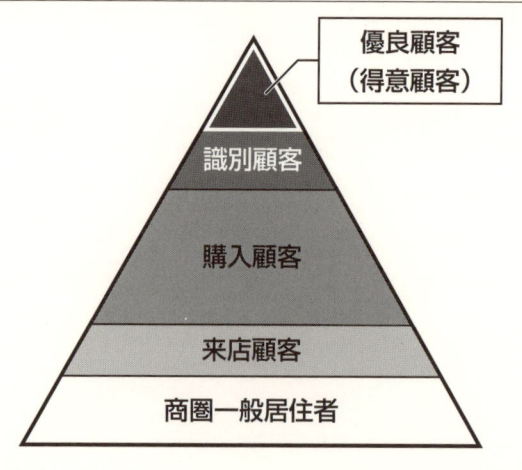

（ピラミッド図：上から）
- 優良顧客（得意顧客）
- 識別顧客
- 購入顧客
- 来店顧客
- 商圏一般居住者

企業にとって、顧客にはいろいろな段階がある。単なる見込客から、購入顧客、さらに優良顧客のレベルに押し上げたい。顧客の段階を把握することは必須である。

皆さんの会社では、レベルごとに「顧客」を把握できるでしょうか。企業と顧客の関係の度合いから、顧客層のそれぞれを把握できるでしょうか。その把握の方法はどのようなやり方でしょうか。
　さまざまな把握の仕方がありますが、顧客を把握するということは、「いつ」「どこで」「誰が」「何を」「どれくらい」「いくらで」「どのように」購入したかを把握することです。
　たとえば、**ポイントカード**のような仕組みは、顧客の把握に役立つ情報を収集することが可能です。顧客は企業に対して、自身のプロフィール情報（氏名、住所、電話番号、メールアドレス、性別、年齢など）を提供することになります。その見返りとして、企業は顧客に対して、経済的還元や非経済的還元としての特典を付けます。

■ポイントカード（会員化）の仕組み

> 顧客の商品購入の際、提示してもらい、いつ・どこで・誰が・何を（いくつ・いくら）・どのように購入したかを把握する

顧客の属性情報の提供

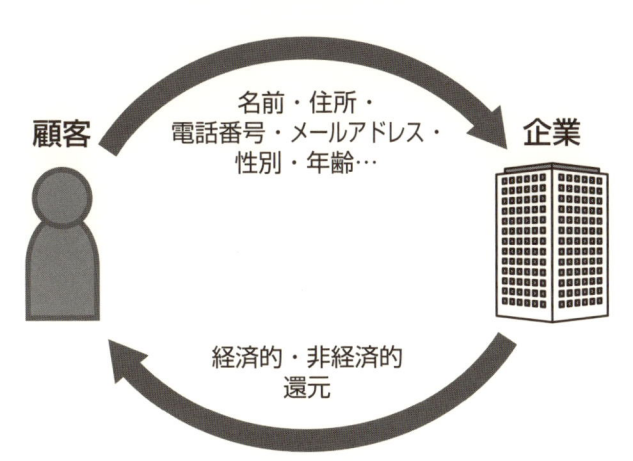

顧客 → 名前・住所・電話番号・メールアドレス・性別・年齢… → 企業

企業 → 経済的・非経済的還元 → 顧客

顧客の情報提供に関して
顧客へ特典を還元する

◆顧客の属性情報と商品買い上げ情報を紐づける

　ポイントカードだけが識別の手段ではありません。クレジットカードでも、インターネットや携帯電話のメールアドレスでもよいのですが、重要なのは、**顧客の属性情報と商品買い上げ情報（利用行動情報）が紐づけられていること**です。紐づけられていることで、顧客軸での購買履歴に応じた分析を実施することができるからです。

　企業から見れば、**顧客に情報が伝えられる（宛先がわかる）**ことが重要なのです。

■識別の手段

- ポイントカード
- クレジットカード
- インターネットメールアドレス
- 携帯メールアドレス

- 顧客の属性情報と商品買い上げ情報（利用行動情報）が紐づけられている。
- 企業から顧客に情報が伝えられる（宛先がわかる）。

　ここまでをいったんまとめると、顧客識別とは、**現実的には何らかの会員プログラムによって購入客から「顧客」を区別し、企業から情報発信が可能な対象顧客として特定する**ことといえます。

■顧客識別とは

　顧客を特定（企業から情報発信できる関係にする）し、その顧客を企業の戦略への反応（売上実績や購買行動など）によって区分（区別）する

- 現実的には、企業がポイントカードなどによって購入客から「顧客」を区別し、企業から情報発信・対応可能な対象顧客とすること。
- さらにその関係度合いによって、企業からの情報発信や対応を区別していくこと。

◆関係度合いの基準

次に、識別した顧客を企業との関係度合いによって、顧客層のそれぞれを把握する必要があります。関係度合いの基準（例）としては、次のようなことが挙げられます。

- 新規顧客なのか？
- 既存顧客なのか？
- 得意顧客なのか？
- 上得意顧客なのか？
- 年間買い上げ上位顧客なのか？

このような関係度合いに応じて、情報提供・顧客対応を差別化していくのです。

■顧客識別ピラミッド

企業と顧客の関係度合いに応じて、情報提供・顧客対応を差別化
（例）新規・既存顧客、得意客、上得意顧客、年間買い上げ上位顧客……

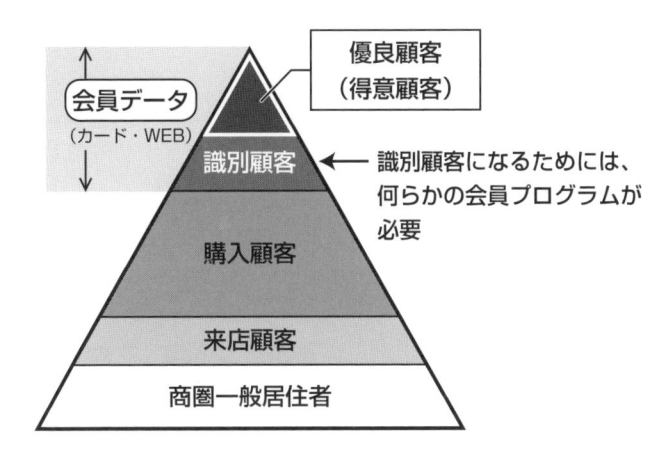

ピラミッド図（上から下へ）：
- 優良顧客（得意顧客）
- 識別顧客 ← 識別顧客になるためには、何らかの会員プログラムが必要
- 購入顧客
- 来店顧客
- 商圏一般居住者

会員データ（カード・WEB）は識別顧客と優良顧客の範囲

企業と顧客の関係度合いを区別し、顧客層のそれぞれを把握する。

ちなみに、ある化粧品ブランド企業では、「売上上位基準」と「特定商品購入基準」により、関係度合いを区分しています。

◆顧客の識別を経てCRMの導入へ

　前述のとおり、顧客識別とは、**顧客を特定（企業から情報発信できる関係にする）** し、企業から情報発信が可能な関係になり、その顧客を企業の**戦略への反応（売上実績や購買行動など）に応じて区分（区別）すること**になります。

　図表は、顧客識別と優良顧客の明確化、その維持・育成・獲得を示したものです。

■顧客の識別と優良顧客の明確化、その維持・育成・獲得

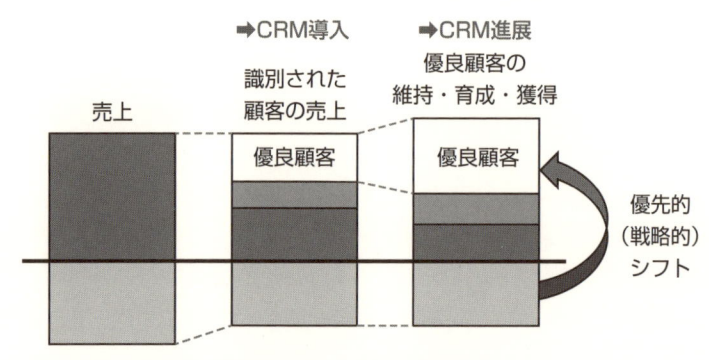

```
                    ➡CRM導入    ➡CRM進展
                                 優良顧客の
                    識別された    維持・育成・獲得
            売上    顧客の売上
                     優良顧客      優良顧客       優先的
                                                （戦略的）
                                                 シフト

    マーケティング経費（販促宣伝費・営業人件費など）
```

CRMを導入することで、売上の内訳を顧客単位で認識することができる。その識別された顧客のうち、優良とされる顧客を区分し、優先的にリソースを配分する。

　売上の中で、識別した顧客の売上がどの程度の割合を占めるかを認識することからCRMの導入が始まります。そして、識別顧客を「優良顧客」として維持・育成していくことが、CRMを進展させていくことなのです。リソースを優先的かつ戦略的にシフトさせることで、これらを効率的に実現することができます。

　新規顧客を獲得するためのコストは、既存顧客を維持・拡大するコストの５倍以上かかるといわれています。もちろん、新規顧客の獲得をまったくやらなくていいということではありませんが、関係性のある顧客から「**アップセル**」（購入の積み重ね）と「**クロスセル**」（別な商品を購入してもらうこと）を実践するほうが、より確実な成果が期待できます。

3-3
顧客の識別から優良顧客の明確化へ

> データベース化された多種多様な「顧客の声」を総合的に分析すれば、必ず真のお客様のニーズが見えてきます。

◆顧客識別の2つの側面

顧客識別を2つの側面からまとめると、次のようになります。

⑴顧客を「把握」する（identify）

「1回だけ」や「通りすがり」ではなく、継続的に購入するお客様なのかどうか。

企業から情報を伝える（還元する）ために、顧客の宛先を把握し、情報発信が可能な関係にすることです。

⑵顧客を「区分」する（specify）

企業と顧客の関係性の深さを区別し、顧客層のそれぞれに企業貢献に応じた経済的・非経済的な還元を行ないます。

顧客の属性情報と商品買い上げ情報（利用行動情報）を紐づけて分析できることが重要です。

さまざまな手法で顧客データを収集・管理・分析し、顧客を識別したうえで、ようやく「自社にとっての優良顧客」を定義する段階になります。

しかし、このプロセスを踏まずに、感覚的に優良顧客を定義づけしている企業が数多く見受けられます。

■顧客識別の2つの側面

> (1) 顧客を「把握」する（identify）

- 企業と継続的に関係を結ぶ（継続的に購入する）「顧客」かどうかを区別する。
- 企業から顧客に情報を伝える（還元する）ために、顧客を特定（顧客の宛先を明確化）できることが重要。

> (2) 顧客を「区別」する（specify）

- 企業と顧客の関係の深さを区別し、顧客層のそれぞれに企業貢献に応じた経済的・非経済的な還元を行なう。
- 顧客の属性情報と商品買い上げ情報（利用行動情報）を紐づけて分析できることが重要。

◆「差別」ではなく「識別」をする

「お客様を差別するなんて、企業のスタンスとしてよろしくない」と感じられるかもしれません。だからといって、すべてのお客様に平等に対応することも決してよいとはいえません。

たとえば、ある百貨店に頻度高く来店するお客様と、年に1度しか来店しないお客様がいると仮定します。その2人のお客様に同じようなサービスを提供することが、すべてのお客様に平等に対応することになります。

しかし、頻度高く来店するお客様は不満に思います。人は、「差別してはならない」と考える一方で、「特別扱いしてほしい」という気持ちを持っているものだからです。頻度高く来店するお客様には、特別なサービスを提供することにすれば、素直にうれしいものなのです。

したがって、顧客を「差別」しないまでも、きちんと「識別」する必要があるということなのです。

◆本当に大切にすべき顧客とは？

もちろん、すべてのお客様に最高のサービスを提供できるのであれば、それに越したことはありません。しかし、企業はサービスを提供するために、多くの人的・金銭的リソースを割く必要が出てくるわけです。

ですから、「**本当に大切にすべき顧客は誰なのか？**」を把握しなければ

なりません。

　前述のパレートの法則どおりであるとすれば、仮に下位80％の顧客を失うことになったとしても、売上は２割しか減りません。その提供するサービスにかかるリソースを半分に減らすことができれば、経営効率は上がることになります。

　百貨店によっては、「全員一律５％OFF」のキャンペーン日を設けているところがあります。しかし、上位２割のお客様にだけ優待券を配ることにすれば、「本当に大切にすべき顧客」を特別扱いすることができます。

　このような積み重ねにより、サービスにかかるリソースが最適に配分されることになります。

◆識別のむずかしさ

　顧客を識別して、優良顧客を明確化するためには、多種多様な**顧客の声**を分析する必要があります。

　ひと口に「顧客の声」といっても、さまざまなデータの捉え方をしていきます。

- 顧客の購買履歴という"声なき声"が蓄積されるデータベース
- 顧客の属性などの顧客データ
- コールセンターなどの「お客様相談窓口」に蓄積される声データ
- 世の中に広がる潜在的な見込顧客の声

　このように枚挙に暇がありませんが、あらゆる顧客の声を統合的に分析することで、画一的な分析から脱却し、真の顧客ニーズが見えてくるはずです。

　一方で、企業でCRMを担当している多くの方から、「いろいろと分析軸を入れているが、次のアクションにつながらない……」「顧客をセグメントするよりも、すべての顧客にコンタクトしたほうが、結果につながりやすいのではないか……」などという話を聞くことが多いのも現実です。

　また、「そもそもデータベースが複雑になりすぎて、リソースを割くことができない」「現場感覚を重視した顧客セグメントを実施しているため、正しいかどうかの検証もできない」「データの取得もままならず、顧客分

析以前の問題」など、企業の状況はさまざまなので、ひと言では片づけられない難題であることも事実でしょう。

　しかし、まずは「己を知る」ことから始め、次に「敵（市場・競合）を知る」ことに展開しなければ、「明日は見えない」といっていいでしょう。

　どれだけ複雑なデータベースでも、データを取得していない状況でも、解決の糸口はあるはずです。

3-4

自社にとっての優良顧客とは？

企業にとって真の優良顧客を識別する手法の一つにRFM分析があります。CRM戦略には欠かせない顧客分析の手法です。

◆売上上位顧客と優良顧客

　顧客の識別を経て、「自社にとっての優良顧客」を検討する際に、必要になってくる一番の要素は「どれだけ買ってくれたか？」というものです。

　しかし、本当にそれだけでよいのでしょうか。「売上上位顧客＝優良顧客」と捉えてよいのでしょうか。

■優良顧客の定義

- 売上上位顧客＝優良顧客と捉えていいのか？
- 企業にとっての優良顧客は、企業のビジネスモデルやマーケティング戦略への共感・共鳴を反映した指標が必要ではないか？

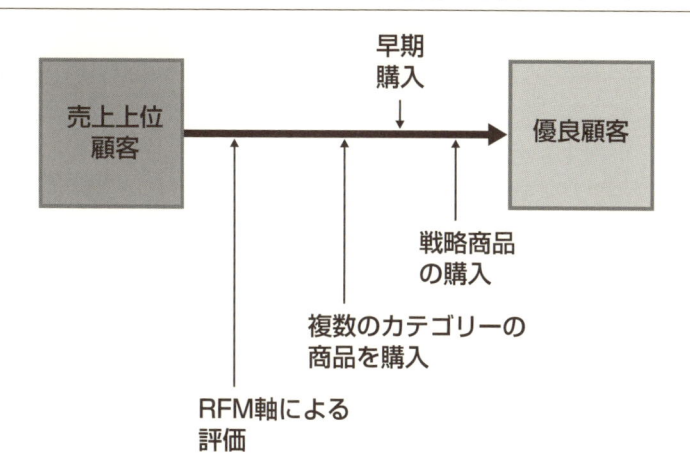

売上上位顧客 → 優良顧客

- 早期購入
- 戦略商品の購入
- 複数のカテゴリーの商品を購入
- RFM軸による評価

たまたま出会い頭的に高額の商品を購入し、次にいつ来店するかもわからないお客様でも、売上上位顧客であることは揺るぎません。手も足も出ないお客様を優良顧客として認定してしまうことになります。
　顧客に情報を伝えることもままならないとなると、CRM戦略は描けません。
　ただし、業種・業態によっては「それでよい」というケースも存在します。
　多くの化粧品会社では、「売上」を基準に、優良顧客を区分しています。たとえば、あるスキンケアラインの商品を購入すると、金額の多寡を問わず、「優良顧客プログラム」に参加することになります。化粧品の中でも、スキンケア商品はリップやネイル、フレグランスなどと違って外からは特徴がわかりにくく（ブランドを特定しがたい）、継続して使用するという特性を持っています。したがって、**顧客ロイヤルティ**がより高いと解釈し、大切に考えているのです。
　しかし、この場合でも、顧客との関係性を確実につむぐことができるしかけが施されています。
　企業にとっての優良顧客は、企業のビジネスモデルやマーケティング戦略への共感・共鳴を反映した指標が必要になります。

◆3つの軸で顧客の識別を行なうRFM分析

　前述の化粧品会社の例もありますが、一般的には次に挙げるような価値観を重視する傾向が見られます。

---

①売上貢献の高い顧客（売上上位顧客）　→　金額（Monetary）
②継続して購入する顧客　→　頻度（Frequency）
③頻繁に購入する顧客　→　最新度（Recency）

　この3つの軸を用いて顧客の識別を行なう手法が、後述する**RFM分析**です（80ページ参照）。

■RFM分析

①売上貢献の高い顧客（売上上位顧客）
②継続して購入する顧客
③頻繁に購入する顧客

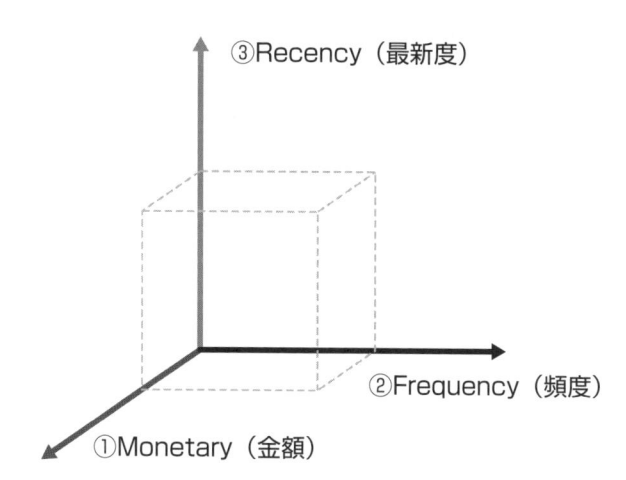

③Recency（最新度）
②Frequency（頻度）
①Monetary（金額）

3-5
顧客構造をつかむための代表的な分析手法

> 顧客構造を把握するためには、どのような顧客データが収集されているかを調べる必要があります。顧客データに不備が多ければ、分析も意味をなしません。

◆顧客構造の理解の前に必要なこと

　顧客構造を理解するためにまずやらなければならないのは、どれくらいの期間、どのような顧客データが収集できているかを把握することです。

　把握するにあたって、その対象期間をどのくらいに設定するかを考える必要があります。

　この期間は業種・業態でさまざまですが、おおむね1～2年間といったところです。

　アパレル企業であれば、シーズンがあるので、最低でも「1年間」は欲しいところです。

　期間が決まれば、次は顧客データがどういう状態かが焦点になります。

　特に、実店舗を展開している企業であれば、顧客データが欠損している状態で蓄積されていることが少なくありません。

　私がCRMコンサルティングを手がけたブランド企業の例ですが、顧客データの30％以上に不備がありました。入力内容も粗く、生データの段階で分析に値する状態ではなかったので、クレンジング作業を行ない、分析に役立つ状態に加工する必要がありました。

　なぜ、このようなことが起こるのでしょうか。忙しい現場の店舗では、役に立つかどうかもわからないデータを収集することが、ともすればお客様の気分を害することにつながりかねないので、そういうことはできる限り避けたいと思うからです。

　最近では、スマートフォンやタブレット端末などで会員登録を促すこと

も珍しくなくなってきました。精緻化されたデータが収集しやすくなってきたとはいえ、現状では十分に浸透していません。

■顧客構造の理解の前に

- 対象データの確定（例：1年分）
- データの欠損状況を確認し、クレンジング

データ把握のための代表的な分析軸

- 直近購入日（来店間隔の把握）
- 再購入率（常連化傾向の把握）
- リピート購入日間隔
- 購入金額
- 購入回数
- カテゴリー区分
- 性年代別
- 店舗別
- 各種分析軸
  （デシル・RFMなど）

◆表頭と表側で考える（クロス集計表）

顧客構造を単純化して理解するために、念頭に置くべきなのは**クロス集計表**です。顧客の識別にも役立つ手法なので、覚えておきましょう。

■クロス集計表

表側に、顧客のセグメント軸を設定することが多い

	顧客数(人)	購入金額累計	構成比	累計構成比	購入金額/1人
1（上位10%）	10,000	¥10,180,000,000	51%	51%	¥1,018,000
2	10,000	¥3,200,000,000	16%	67%	¥320,000
3	10,000	¥1,950,000,000	10%	77%	¥195,000
4	10,000	¥1,360,000,000	7%	83%	¥136,000
5	10,000	¥1,010,000,000	5%	89%	¥101,000
6	10,000	¥800,000,000	4%	93%	¥80,000
7	10,000	¥600,000,000	3%	96%	¥60,000
8	10,000	¥450,000,000	2%	98%	¥45,000
9	10,000	¥300,000,000	2%	99%	¥30,000
10（下位10%）	10,000	¥150,000,000	1%	100%	¥15,000
合計	100,000	¥20,000,000,000	100%	—	¥200,000

（数値は解説のための参考値）

第3章 顧客を識別し、優良顧客を明確化する

◆4つの分析手法

　顧客について、識別する基準を持ったうえで、「現在の顧客がどのような構造になっていると見ることができるか?」「識別できるか?」を把握します。

　実際に、顧客を識別するための代表的な分析手法は次のとおりです。

---

①デシル分析
②デシル移動分析
③顧客離反率分析
④RFM分析

次節から、具体的な使い方を見ていきましょう。

3-6
顧客分析の手法①
デシル分析

> デシル分析は比較的簡単な顧客分析の手法ですが、「パレートの法則」が成立しているかをチェックする手法としても有効です。

◆デシル分析とは

　デシル分析は、全顧客を購入金額の高い順に10等分し、その売上構成比を分析する手法です。比較的簡単な顧客分析の手法です。
　たとえば、「上位10％の顧客が売上に何％貢献しているか？」「上位20％の顧客で全売上の80％を占めている」といった見方をするものです。
　裏を返せば、「本当に上位20％の顧客で全売上の80％を占めているか？」、つまり、**パレートの法則が成立しているかをチェックする手法**ということにもなります。
　ちなみに、デシル（Decile）は「10等分」を意味し、語源はラテン語です。

■デシル分析とは

全顧客を購入金額の高い順に10等分し、その売上構成比を分析する手法

- ■比較的簡単な顧客分析の手法で、たとえば「上位10％の顧客が売上に何％貢献しているか？」「上位20％の顧客で全売上の80％を占めている」（＝本当に上位20％の顧客で全売上の80％を占めているか？）といった見方をする。
- ■デシル（Decile）は「10等分」を意味するラテン語。

◆デシル分析の実際

　方法は簡単です。顧客リストを購入金額順に並べて、上位から10等分していきます。上位10％を「デシル1」と呼び、以降「デシル10」まで分類していきます。
　図表は、あるアパレル企業のデータです。

■デシル分析結果

| | 顧客会員数 10万人 | 顧客売上高（年間）200億円 | 全社売上高（年間）350億円 | 識別売上比率 57.1% |

デシル	顧客数(人)	購入金額累計	構成比	累計構成比	購入金額/1人
1（上位10%）	10,000	¥10,180,000,000	51%	51%	¥1,018,000
2	10,000	¥3,200,000,000	16%	67%	¥320,000
3	10,000	¥1,950,000,000	10%	77%	¥195,000
4	10,000	¥1,360,000,000	7%	83%	¥136,000
5	10,000	¥1,010,000,000	5%	89%	¥101,000
6	10,000	¥800,000,000	4%	93%	¥80,000
7	10,000	¥600,000,000	3%	96%	¥60,000
8	10,000	¥450,000,000	2%	98%	¥45,000
9	10,000	¥300,000,000	2%	99%	¥30,000
10（下位10%）	10,000	¥150,000,000	1%	100%	¥15,000
合計	100,000	¥20,000,000,000	100%	−	¥200,000

（数値は解説のための参考値）

　これを見ると、「デシル1」で全売上の約50％を占め、「デシル3」までで約80％に達していることがわかります。
　このように、上位30％の顧客で全売上の約80％を占めていれば、この3割の顧客が離反しないための施策（**DMの送付**など）を展開することにより、売上の8割を守ることになります。効率的なリソースの配分が可能になるのです。
　デシル分析を行なう際に、長い期間の売上データを扱うと、古い顧客が累積結果で上位グループに入る確率が高くなり、必ずしも直近での購買が伴っていない顧客が含まれることもあるので注意が必要です。

業種・業界でさまざまな考え方がありますが、「1年間」を分析対象にするのが一般的です。

下の図表は、左ページのデシル分析結果をブレイクダウンしたものです。

■売上上位顧客（30%）の貢献度

デシル	顧客数（人）	購入金額/1人	購入金額累計	構成比	累計構成比
1（上位10%）	10,000	¥1,018,000	¥10,180,000,000	51%	51%
2	10,000	¥320,000	¥3,200,000,000	16%	67%
3	10,000	¥195,000	¥1,950,000,000	10%	77%
4	10,000	¥136,000	¥1,360,000,000	7%	83%
5	10,000	¥101,000	¥1,010,000,000	5%	89%
6	10,000	¥80,000	¥800,000,000	4%	93%
7	10,000	¥60,000	¥600,000,000	3%	96%
8	10,000	¥45,000	¥450,000,000	2%	98%
9	10,000	¥30,000	¥300,000,000	2%	99%
10（下位10%）	10,000	¥15,000	¥150,000,000	1%	100%
合計	100,000	¥200,000	¥20,000,000,000	100%	—

上位10%の顧客で売上高の約50%を達成
上位30%の顧客で売上高の約80%を達成

（数値は解説のための参考値）

■売上上位顧客：客単価・購入回数の特徴

	売上高	顧客数（人）	購入金額/1人	単価/1人	購入回数
上位30%顧客	¥15,330,000,000	30,000	¥511,000	¥88,103	5.8回
下位70%顧客	¥4,670,000,000	70,000	¥66,714	¥51,319	1.3回
合計	¥20,000,000,000	100,000	¥200,000	¥74,074	2.7回

（数値は解説のための参考値）

上の図表から見て取れる、アパレル企業の顧客構造の特徴を挙げてみてください。

また、今後の営業戦略として考えられる施策を検討してみましょう。

■ディスカッション結果(抜粋)

> Q．この企業の顧客構造はどのような特徴があるといえるか?

> Q．CRM分析結果(顧客構造の分析)から、この企業が今後とるべき営業戦略としてはどのようなことが考えられるか?

- 1人当たり単価が高い会社。
- 上位30%の顧客の実績を考えると、下位を伸ばせるのではないか。
- 上位10%の顧客で売上の半分。
  - 囲い込みができているので、上位をより重点的にケアしていくべき
  - 一方で、一点豪華主義的な購買傾向が予想されるので、下位は伸ばしにくいのではないか
- 購入単価、購入回数ともに差がないように感じられるので、全体の底上げが大事なのではないか。
- 上位顧客の比率が高いため、下位を増やすべきではないか。
- そもそもの購入金額が上位と下位では違うのではないか(下位顧客はセールや割引価格で購入している?)。
- 識別顧客の割合が低いので、顧客情報を収集する必要がある。

(注)上記は、著者が教鞭を執っている青山学院大学大学院のビジネススクールで行なったディスカッション時のメモ。ランダム回答につき、正解を問うものではない。あくまで参考事例にすぎない。

3-7
顧客分析の手法②
デシル移動分析

前年度上位だった顧客が今年度下位にランクダウンした理由などは、デシル移動分析によって把握することができます。

◆デシル移動分析とは

72ページのデシル分析結果を応用したのが**デシル移動分析**です。単期間（年間など）での分析から、複数期間での再分析を行ないます。

対象期間と比べて過去はどうなっていたか、上位顧客から下位顧客への移動の実態などを把握し、傾向を読み解いていきます。

「昨年度上位だった顧客が今年度下位にランクダウンした理由は？」「下位だった顧客が上位にランクアップした理由は？」といった傾向がわかれば、そのための対策を講じることができます。

■デシル移動分析とは

デシル分析に基づいて前年度と今年度で上位顧客から下位顧客への「移動」の実態を把握

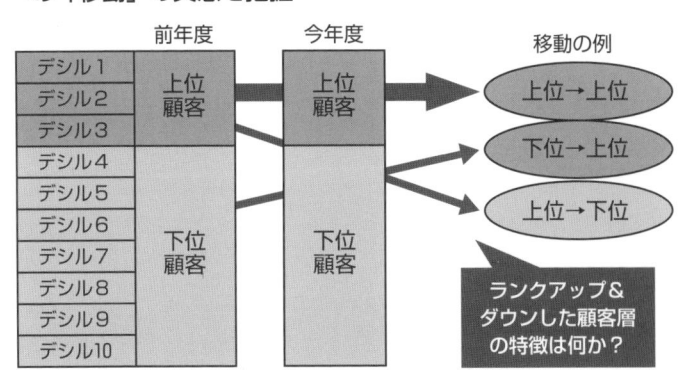

	前年度	今年度	移動の例
デシル1	上位顧客	上位顧客	上位→上位
デシル2			
デシル3			
デシル4	下位顧客	下位顧客	下位→上位
デシル5			
デシル6			上位→下位
デシル7			
デシル8			
デシル9			
デシル10			

ランクアップ＆ダウンした顧客層の特徴は何か？

図表は、実際に私がクライアント企業に提供している、デシル移動分析を応用した**ランク推移分析シート**です。

　前年度を表側（縦軸）に、今年度を表頭（横軸）に設定しています。

　前年度「優良（Aランク）」だった顧客が、今年度「最優良（Sランク）」にランクアップしたのは300人、今年度「優良見込1（Bランク）」にランクダウンしたのは800人という見方をします。

　これにより、人数だけでなく、実際の顧客を特定することが容易になります。

　たとえば、優良顧客層のうち、ランクダウンの傾向にある顧客に対して個別アプローチを行なうといった使い方を推奨しています。

■ランク推移分析シート

各セグメントの推移は定点観測でチェックする

		ランクアップ顧客					合計	
		1,260	1,480	1,426	864	332	5,362	
		10.4%	12.1%	9.1%	9.0%	9.4%	10.1%	

		今年度　顧客ランク					合計	ランクダウン顧客
		一般(Dランク)	優良見込2(Cランク)	優良見込1(Bランク)	優良(Aランク)	最優良(Sランク)		
前年度顧客ランク	最優良(Sランク)	0 / 0.0%	0 / 0.0%	0 / 0.0%	320 / 9.1%	3,200 / 90.9%	3,520 / 100%	320 / 9.1%
	優良(Aランク)	0 / 0.0%	8 / 0.1%	800 / 8.4%	8,400 / 88.3%	300 / 3.2%	9,508 / 100%	808 / 8.5%
	優良見込1(Bランク)	15 / 0.1%	1,500 / 9.5%	13,500 / 85.3%	800 / 5.1%	20 / 0.1%	15,835 / 100%	1,515 / 9.6%
	優良見込2(Cランク)	880 / 7.8%	9,200 / 81.3%	1,200 / 10.6%	30 / 0.3%	4 / 0.0%	11,314 / 100%	880 / 7.8%
	一般(Dランク)	10,000 / 86.7%	1,300 / 11.3%	200 / 1.7%	30 / 0.3%	8 / 0.1%	11,538 / 100%	合計 3,523 / 6.4%
	新規顧客(稼働)	460 / 79.0%	100 / 17.2%	20 / 3.4%	2 / 0.3%	0 / 0.0%	582 / 100%	
	復活顧客	800 / 90.1%	80 / 9.0%	6 / 0.7%	2 / 0.2%	0 / 0.0%	888 / 100%	流入顧客 1,470 / 2.7%
合計		12,155 / 22.9%	12,188 / 22.9%	15,726 / 29.6%	9,584 / 18.0%	3,532 / 6.6%	53,185 / 100%	

離脱顧客	ステイ顧客
1,480	44,300
2.71%	81.04%

総顧客	稼働率	前月+今月総客数
68,600	77.5%	54,665

（数値は解説のための参考値）

3-8
顧客分析の手法③
顧客離反率分析

> 顧客の離反は企業にとって命取りにもなりかねません。顧客離反率を正確に把握することが、企業寿命を延ばすことにもつながります。

◆顧客離反率分析とは

前年度は顧客としての購買履歴が存在するけれど、今年度は存在しない……。このように、離反してしまった顧客の傾向を分析するのが**顧客離反率分析**です。

大半の顧客は1回しか購入しないで消えてしまうといわれるので、顧客離反率の把握は**顧客寿命**の把握にもつながります。

■顧客離反率から顧客寿命を把握

離反顧客＝前年度の購入顧客のうち、今年度に1回も購入しなかった顧客

	前々年度	前年度	今年度	
離反顧客数	525,076人	519,564人	311,410人	
顧客離反率	23.1%	22.8%	24.8%	毎年1／4が離れるなら顧客寿命は4年になる
離反売上高	198億円	201億円	205億円	まず、この顧客離反を食い止めることが必要（CRM機会として）
全体売上比	8.3%	7.7%	7.8%	

（数値は解説のための参考値）

また、**離反顧客**の傾向を分析していくことで、顧客離反の未然防止に役立つのです。

顧客離反率を活用すれば、平均的な顧客寿命を算出することが可能です。

1 ÷ 顧客離反率 ＝ 平均顧客寿命

前ページの図表の事例でいえば、今年度の顧客離反率が24.8%ですから、平均顧客寿命は1÷24.8％＝4.03年になります。

前年度が1÷22.8％＝4.38年だったので、1年間で顧客寿命がかなり縮まったといえます。

■顧客構造の推移

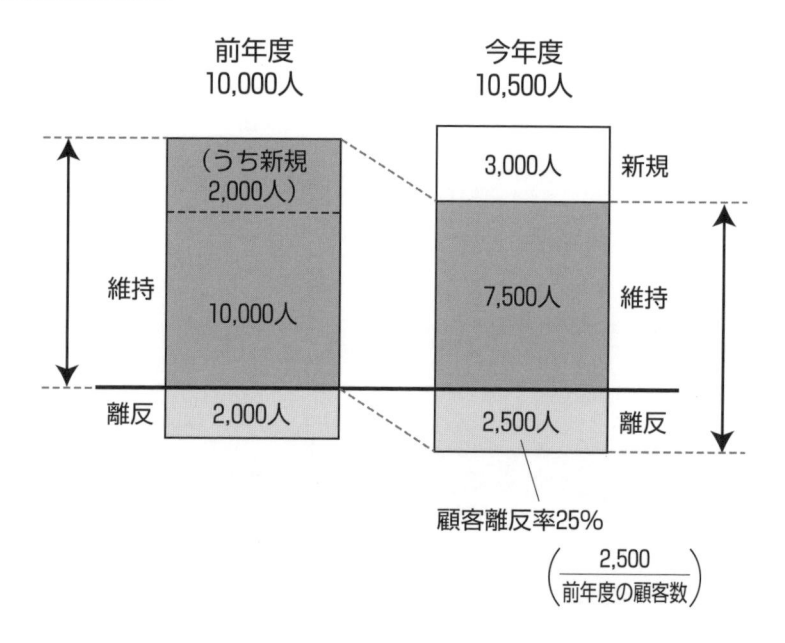

	前年度 10,000人	今年度 10,500人	
	(うち新規 2,000人)	3,000人	新規
維持	10,000人	7,500人	維持
離反	2,000人	2,500人	離反

顧客離反率25％

$$\left(\frac{2,500}{前年度の顧客数}\right)$$

前年度1万人の顧客が、今年度1万500人に増加。内訳は2500人離反し、3000人新たに獲得。しかし、図表から、顧客離反率が25％になったことがわかる。「新規顧客の獲得に注力して、既存顧客の維持のレベルが下がった」「マーケット経費をかけている分、全体的な費用対効果は悪化している」といったことが予想できる。

大手の損害保険会社では、自動車保険や火災保険などを解約した顧客に定期的に電話をかけて、解約実態調査を行なっています。離反顧客の声を直接聞くのは難易度の高い調査です。しかし、離反理由を把握し、今後の改善に役立てるには最善の策といえます。

3-9 顧客分析の手法④ RFM分析

> RFM分析により、購買行動を行なったことがある顧客の購買力を評価したり、重点的に対応する必要がある顧客を割り出したりすることができます。

◆優良顧客を判断するRFM分析

　自社にとっての優良顧客を推し量るのに有効なのが**RFM分析**です。これは、顧客の購買履歴をベースに優良顧客を抽出するための分析手法です。顧客分析の基本ともいえる手法です。

　RFMは略語で、「いつ買ったか、最近購入しているか？」を示すR（Recency：最新購入日）、「どのくらいの頻度で購入しているか？」を示すF（Frequency：累計購入回数）、「いくら支払っているか？」を示すM（Monetary：累計購入金額）の3つの観点から指標化されています。

■RFM分析とは

顧客の購買履歴から優良顧客のセグメンテーションを行なう分析手法

- ■顧客一人ひとりに対し、下記の観点から指標化する
  - R（Recency：最新購入日）→ いつ買ったか、最近購入しているか？
  - F（Frequency：累計購入回数）→ どのくらいの頻度で購入しているか？
  - M（Monetary：累計購入金額）→ いくら支払っているか？
- ■各指標で5（あるいは3、7）段階の評価ランクをつけて、顧客を位置づける
  （例）R=5、F=5、M=5→(5、5、5)
  　　　R=3、F=3、M=5→(3、3、5)

この各指標の数値を一定の基準により順位づけを行なったうえで、合算してランキングを作成すると、上位に並ぶ顧客は「最近、頻度高く、たくさん購入している」、つまり、「優良顧客」と判断できることになります。

◆RFMの実際

百貨店の事例で説明しましょう。図表を見てください。

縦軸に「**最新購入日**」、横軸に「**年間来店回数（≒累計購入回数）**」というR×Fの座標軸で顧客をセグメントしています。

なお、RFM分析は、業種・業態により状況は異なるため、必ずしも3つの観点を使用しなくてもよく、R×Mの場合もありますし、F×Mの場合もあります。Mだけを使用する場合もあります。

ここではMは使用していません。購入金額は来店頻度とほぼ比例することと、購入金額を重視しすぎると1回で高額を買い上げた人を偏重する危険があるからです。

■RFM分析の事例

より最近（R）、より多く（F）来店・購入している顧客を「ロイヤル顧客」として定義している。

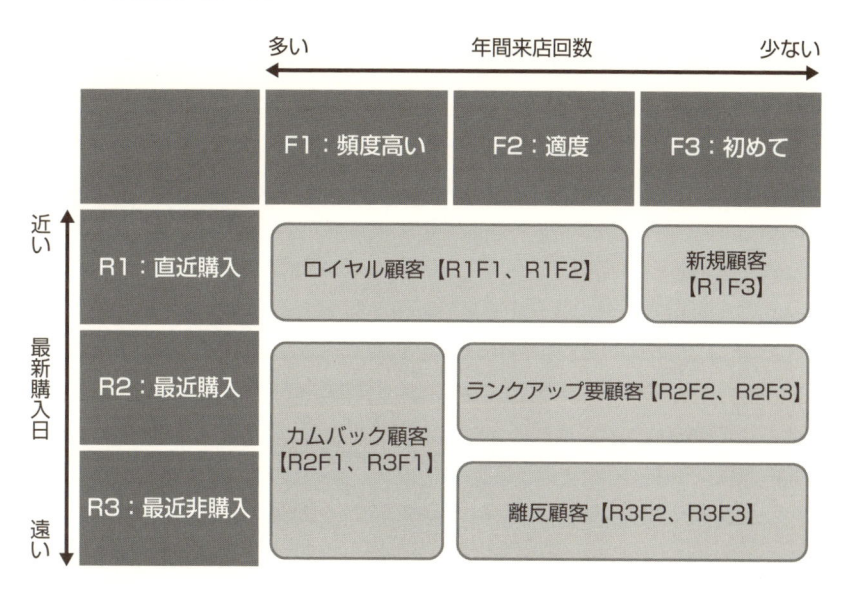

	多い ← 年間来店回数 → 少ない		
	F1：頻度高い	F2：適度	F3：初めて
近い　R1：直近購入	ロイヤル顧客【R1F1、R1F2】		新規顧客【R1F3】
最新購入日　R2：最近購入	カムバック顧客【R2F1、R3F1】	ランクアップ要顧客【R2F2、R2F3】	
遠い　R3：最近非購入		離反顧客【R3F2、R3F3】	

第1に、縦軸の「R1：直近購入」かつ横軸の「F1：頻度高い」「F2：適度」のセグメントを**ロイヤル顧客**【R1F1、R1F2】と定義づけています。これは、「店舗や売場にロイヤリティを感じているお客様」として、より一層の買い上げシェアを上げることを主眼とする顧客層です。

　第2に、縦軸の「R1」かつ横軸の「F3：初めて」のセグメントを**新規顧客**【R1、F3】と定義づけています。これは、リピート促進対策を講じる顧客層です。

　第3に、縦軸の「R2：最近購入」「R3：最近非購入」かつ横軸の「F1」のセグメントを**カムバック顧客**【R2F1、R3F1】と定義づけています。これは、離反傾向にある優良顧客のカムバックを促進させる取り組みを行なうべき顧客層です。

　第4に、縦軸の「R2」かつ横軸「F2」「F3」のセグメントを**ランクアップ要顧客**【R2F2、R2F3】と定義づけています。この顧客層は、ボリュームも多く、ランクアップさせなければならない重要なターゲットです。

　第5に、縦軸の「R3：最近非購入」かつ横軸の「F2」「F3」のセグメントを**離反顧客**【R3F2、R3F3】と定義づけています。これは、ランクアップやカムバックもむずかしい顧客層なので、復活施策などの特別な対応を実施することでフォローしていきます。

　このような形で顧客をセグメントし、対応策を講じています。

　「すべての顧客層に、すべからく施策を実施すべき」という考え方もありますが、人的・金銭的リソースには限りがあるために、優先的な対応を検討する必要性が出てきます。

　優先的な対応をする際は、セグメントしてあることにより、どの層を重点的に対応するべきかが明確になります。

◆RFMの定め方

　では、どのようにRFMを設定するかですが、R、F、Mそれぞれの指標を独立してランク分けします。

　前述の百貨店の事例は「3段階」ですが、「**5段階**」が一般的です。

　R（最新購入日）は、企業独自の目標購買日間隔が定められていることが多く、たとえば、月に1度は来店してほしい場合は、目標購買日間隔は「1か月」です。半期に一度の場合は、「3か月」になります。

目標購買日間隔が定められていなければ、「1年間」の購買履歴をもとに、**ヒストグラム（度数分布図）**を描いて現状を確認します。

Rであれば、購買日間隔の分布状態を棒グラフで表示することで、ボリュームゾーンが見えてくるはずです。

単純に購買日間隔の平均をとるのではなく、**中央値**や**最頻値**がどのような数値を示しているかによって仮説設定することをおすすめします。

平均値をベースにするだけでは購買傾向は正しく測れません。データを読み誤らないためにも、分布から判断することです。

同様にFであれば、年間の購入回数（来店回数）の分布、Mであれば、年間の購入金額の分布になります。

◆ヒストグラム（度数分布図）とは

バラツキの分布状態を棒グラフで表示したのが**ヒストグラム（度数分布図）**です。**度数分布表**の縦軸に「頻度」をとり、横軸に「データ区間」をとります。

図表は、あるアパレル企業の全体の購買日間隔と2回目の購買日間隔をとったものです。縦軸の度数は「**購入人数**」、横軸のデータ区間は「**最終購入日からの経過日数**」を表わしています。

■ヒストグラム（度数分布図）

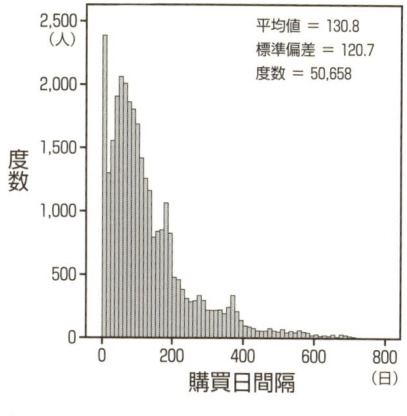

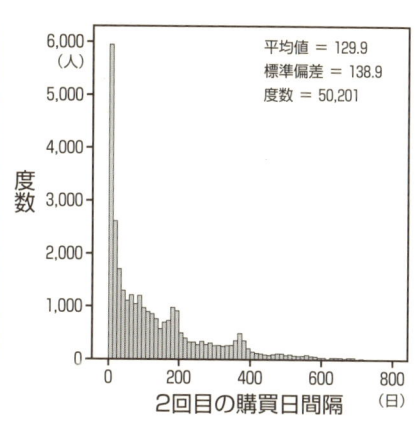

平均値 = 130.8
標準偏差 = 120.7
度数 = 50,658

平均値 = 129.9
標準偏差 = 138.9
度数 = 50,201

（数値は解説のための参考値）

このヒストグラム上では、全体の購買日間隔・2回目の購買日間隔ともに**平均値は約130日**です。**中央値は約92日**と**約81日**です。したがって、リピート率向上のための施策を検討するうえでは、購入日から約3か月以内のリピート促進が目安といえます。アパレル企業にとっては、「**最低でも3か月に1度は来店してもらうこと**」を目標にするのが自然な設定です。

■ヒストグラム分析結果データ

	購買日間隔	2回目の購入日間隔
平均値	130.8	129.9
中央値	91.8	81.2
最頻値	1.0	1.0
標準偏差	120.7	138.9
最小値	1.0	1.0
最大値	730.0	730.0

（数値は解説のための参考値）

◆平均値か？　中央値か？

　さまざまなデータを分析する際に、**平均値**を求めることはよく行なわれます。すべてのデータを足し合わせてデータ数で割る平均値は、一般的によく使われる代表値ですが、データのばらつき（他と比べて明らかに大きい値、または小さい値）の影響を受けやすいといわれています。
　そこで、すべてのデータを順番に並べた際に、最も中央の値を求めるのが**中央値**です。データのばらつきがあっても影響を受けにくく、平均値と同様に重要な代表値になっています。
　ある年収の代表値を求めてみましょう。図表を見てください。グループAのように、比較的同等の年収だけで平均値を算出した場合は平均値・中央値ともに大きな差はありません。
　しかし、グループBのように、突出した年収が1つでもあると、平均値は大幅に上がります。平均値よりも年収が高い人は10人中1人しかいない結果になってしまいます。
　データ分析の際には必ず留意すべきポイントです。

異なる集団の年収データ

Aグループ	
A	400万円
B	400万円
C	400万円
D	500万円
E	500万円
F	500万円
G	600万円
H	600万円
I	600万円
J	600万円
平均値	510万円
中央値	500万円

Bグループ	
A	400万円
B	400万円
C	400万円
D	500万円
E	500万円
F	500万円
G	600万円
H	600万円
I	600万円
J	3,000万円
平均値	750万円
中央値	500万円

（数値は解説のための参考値）

◆パレートの法則の活用

　前述のヒストグラムにより、大まかにランク分けを行なったところで、「企業の意思の反映」を検討する必要があります。

　たとえば、**パレートの法則**を活用して、優良顧客と認識すべき層、たとえば5段階であれば、上位1位、2位の顧客層が該当します。この層が全体の20％程度になるように設定する方法を採ります。

　こうした方法から、R、F、Mそれぞれの指標における上位となり得る顧客を設定します。設定と検証を繰り返しながら、RFM指標の精度を高めていくことになります。

◆R×F×Mのマトリクス表を作成

　RFM指標それぞれの設定を行なったうえで、R×F×M**のマトリクス表**を作成します（次ページ図表参照）。たとえば、各指標が5段階であれば、5×5×5＝125の各セルに分割されたマトリクス表になります。

　このマトリクス表のどこに位置しているかによって**顧客をセグメント**するのが、基本的な考え方です。

■RFM分析

各指標で5（あるいは3）段階の評価ランクをつけて顧客を位置づける。

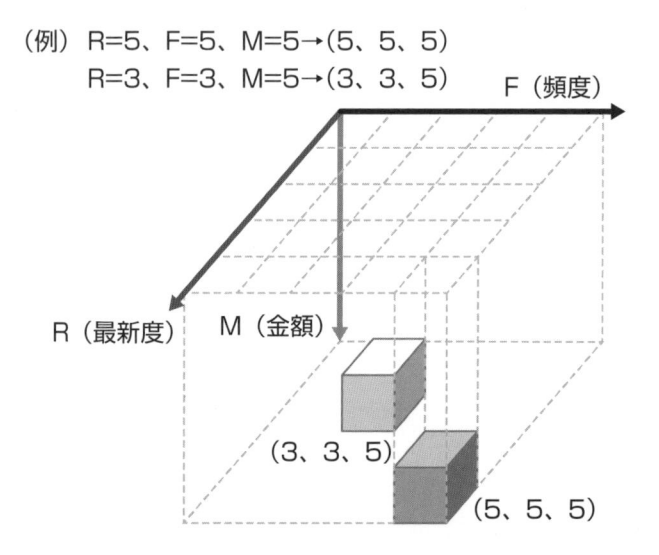

（例）R=5、F=5、M=5→（5、5、5）
　　　R=3、F=3、M=5→（3、3、5）

RもFもMも数値が高いなら、「企業にとって価値の高い顧客層」といえます。逆に3つの数値が低いなら、「販促活動を行なっても見込みがない顧客層」と判断されることになるのです。

仮にRの数値が低くても、FとMの数値が高いということは、「直近の購入がないものの、もともとは購買力が高かった優良顧客」だったことを意味します。この層への復活を促進させるマーケティング戦略は極めて重要です。来店頻度が急激に低下している場合や直近の購入がない場合は、競合他社に奪われてしまっている可能性が高いので、競合他社を意識したキャンペーン展開やサービス内容の充実を検討しなければなりません。

また、Fの数値が高くMの数値が低い顧客層には価格訴求面のアプローチ、FもMも数値が高い顧客層にはアップセルの勧奨など、各セグメントに応じたマーケティング活動が可能になります。

このようにRFM分析は、購買行動を行なったことがある顧客の購買力を評価するものですから、優良顧客の選定には有効な手法といえます。

3-10 事例(ソシエ・ワールド)に見るRFMを活用した優良顧客の識別

> 優良顧客の定義は、会社や業界によってさまざまです。ここでは実際の企業（ソシエ・ワールド）を例に、その決定プロセスを追ってみることにします。

◆美容サロン運営会社の場合

　全国規模でヘアーサロンやエステティックサロンなどを全国に約120店舗、海外に約20店舗展開している**ソシエ・ワールド**の事例です。継続的に来店することを前提としたサービスプログラムを採用しているので、一定の頻度で顧客に来店してもらうことが必要になるビジネスモデルです。

■ソシエ・ワールドの概要

業種：美容サロン運営

- ヘアーサロン
- エステティックサロン
- ネイルサロン
- スポーツクラブ
- スパ　など

顧客の習慣性に強く依存する業種であるため、来店頻度を上げることが、非常に重要な経営指標。

　第5章で説明しますが、RFM分析を実施する前提として、各店舗でばらばらに存在している**顧客データベース**を結合させます。顧客の属性や会員番号など、それぞれのデータベースを結合させることが可能なユニークなキーを活用します。こうして顧客単位での統合型のデータベースを構築

するのです。

■顧客データベースの結合

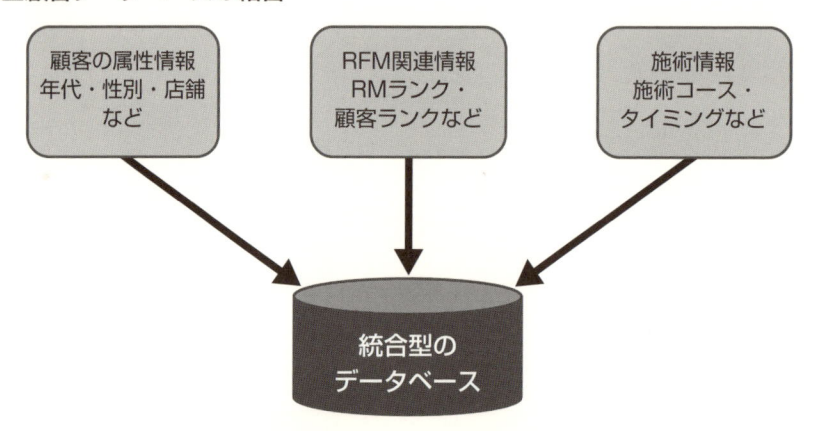

```
┌─────────────┐    ┌─────────────┐    ┌─────────────┐
│ 顧客の属性情報 │    │ RFM関連情報  │    │ 施術情報    │
│ 年代・性別・店舗│    │ RMランク・   │    │ 施術コース・ │
│ など         │    │ 顧客ランクなど│    │ タイミングなど│
└──────┬──────┘    └──────┬──────┘    └──────┬──────┘
       │                  │                  │
       └──────────────────┼──────────────────┘
                          ▼
                   ┌─────────────┐
                   │  統合型の    │
                   │  データベース │
                   └─────────────┘
```

◆「1年間」のデータを活用

統合型のデータベースを構築したうえで、**RFM分析**を実施します。実施するにあたって、企業は過去何年分もデータを保持していますが、それからどのくらいの期間を対象とすべきかを検討します。

この場合、「1年間」のデータを活用しています。1年以上来店のない顧客は「休眠顧客」と設定し、別のコミュニケーションを検討する必要があります。

このデータ期間の定め方はさまざまです。取り扱う商品・サービスによって、顧客とのコミュニケーションの頻度は違って当然です。

◆RFMの概念を確定する

さて、RFMの3つの軸であるRecency（最新度）、Frequency（頻度）、Monetary（金額）の概念を確定していきます。

この場合、Recency（最新度）については、「**直近来店日から（データ抽出日まで）の経過期間**」を算出します。Frequency（頻度）については、「**来店回数**」を採用します。Monetary（金額）については、「**利用金額（実際に来店した際に利用した金額の合計）**」を求めることにします。

このように、RFMそれぞれの軸を策定していきます。

なお、すべての数値は解説のための参考値です。実際の数値とは異なります。

■ソシエ・ワールドにおける顧客の識別（RFMの概念）

直近1年間のデータを活用して分析

Recency（最新度）	直近来店日からの経過期間
Frequency（頻度）	来店回数
Monetary（金額）	利用金額

◆直近来店日からの経過期間(Recency)の特徴

まず、Recency（最新度）から見ていきましょう。

次ページの図表（上）は、直近来店日からの経過期間を人数別に表わしたヒストグラム（度数分布図）です。これを見ると、前半に大きな山があることがわかります。

◆RFMの定義(Rの場合)

最低でも月に一度は来店しないと効果が表われにくいビジネスモデルに照らして考えた結果、次ページの図表（下）にある区分としました。

ランクを「5段階」に分けました。0〜30日以内（1か月以内）を「Rランク5」、31〜60日（1〜2か月）を「Rランク4」、61〜90日（2〜3か月）を「Rランク3」、91〜180日（3〜6か月）を「Rランク2」、181〜365日（6か月以上1年以内）を「Rランク1」にしたのです。

■直近来店日からの経過期間（Recency）の特徴

直近来店日からの経過期間の平均値は100日だが、中央値は55日（約2か月）。
2か月以上来店がないと、経過日が通常より長い（＝離脱傾向顧客）といえる。

	経過期間
人数	65,000
平均値	100
中央値	55
最頻値	3
最小値	0
最大値	365

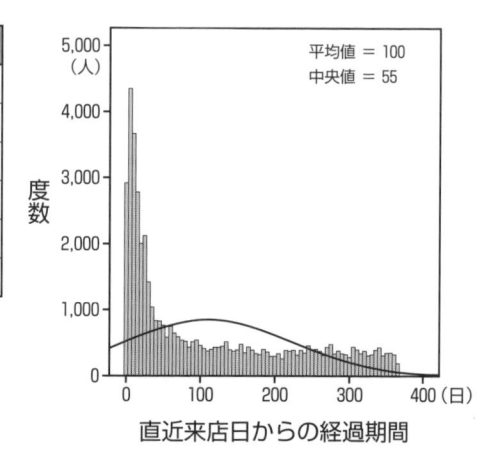

（数値は解説のための参考値）

■RFMの定義（Rの場合）

ソシエ・ワールドのビジネスモデルを考慮し、直近来店日からの経過期間を以下の5つのランクに区分。

		度数	％	累積％
Rランク5	～30日	32,500	50%	50%
Rランク4	31～60日	6,500	10%	60%
Rランク3	61～90日	3,250	5%	65%
Rランク2	91～180日	6,500	10%	75%
Rランク1	181～365日	16,250	25%	100%
合計		65,000	100%	

（数値は解説のための参考値）

◆来店回数(Frequency)の特徴

続いて、Frequency（頻度）です。

来店回数のヒストグラム（度数分布図）を描くと、平均値は10回でした。一方で、中央値は6回となっており、最小値1回から最大値250回と非常にばらつきがあります。したがって、代表値は中央値が適正といってよいでしょう。

■来店回数（Frequency）の特徴

来店回数の平均値は10回だが、最小値1回～最大値250回のばらつきがあるため、中央値の6回が代表値として適正。

	来店回数
人数	65,000
平均値	10.0
中央値	6.0
最頻値	1
最小値	1
最大値	250

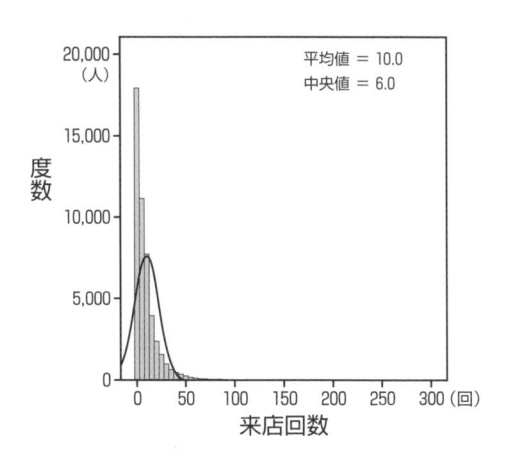

（数値は解説のための参考値）

平均値 = 10.0
中央値 = 6.0

◆RFMの定義（Fの場合）

来店回数は、パレートの法則を活用しました。ランク5、ランク4の合計が上位20%になるように設定し、それ以下の3区分は3等分することにしました。

この結果、年間18回以上（月に1.5回以上）来店する顧客を「Fランク5」、年間12～17回（月に1～1.5回）来店する顧客を「Fランク4」、年間7～11回来店する顧客を「Fランク3」、年間2～6回来店する顧客を「Fランク2」、年間1回以下の来店顧客を「Fランク1」にしたのです（次ページの図表参照）。

■RFMの定義（Fの場合）

来店回数を以下の５つのランクに区分。ランク５を上位５％、ランク４までを上位20％とし、ランク３、２、１を３分割。

		度数	％	累積％
Fランク５	18回〜	3,250	5.0%	5.0%
Fランク４	12〜17回	9,750	15.0%	20.0%
Fランク３	7〜11回	17,000	26.2%	46.2%
Fランク２	2〜6回	17,500	26.9%	73.1%
Fランク１	〜1回	17,500	26.9%	100%
合計		65,000	100%	

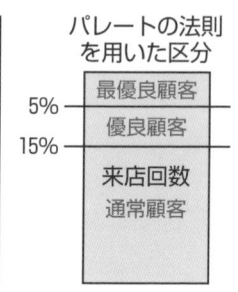

パレートの法則を用いた区分
- 5%　最優良顧客
- 15%　優良顧客
- 来店回数　通常顧客

（数値は解説のための参考値）

◆利用金額（Monetary）の特徴

　最後は、Monetary（金額）です。利用金額の**ヒストグラム（度数分布図）**を描いたところ、**平均値は30万円、中央値は15万円**になりました。最小値０円から最大値1000万円とばらつきのあるデータです。
　そこで中央値を採用し、利用金額の軸を検討することにしました。

■利用金額（Monetary）の特徴

利用金額もデータにばらつきがあるため、中央値の15万円が代表値として適正。

	利用金額
人数	65,000
平均値	300,000
中央値	150,000
最頻値	200,000
最小値	0
最大値	10,000,000

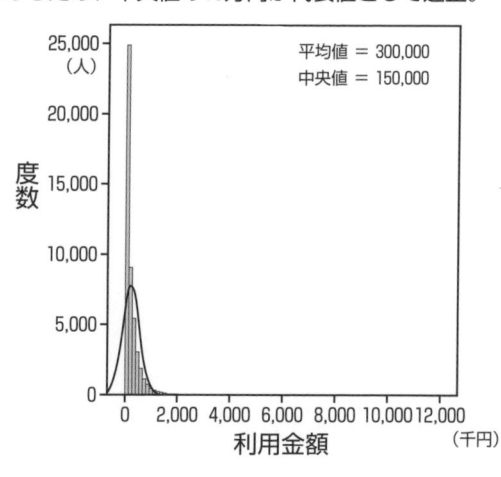

平均値 ＝ 300,000
中央値 ＝ 150,000

（数値は解説のための参考値）

◆RFMの定義（Mの場合）

利用金額も、**パレートの法則**を活用しました。

これにより、ランク5とランク4で20%という区分（上位20%）にしました。

■RFMの定義（Mの場合）

利用金額を以下の5つのランクに区分。ランク5を上位5%、ランク4までを上位20%とし、ランク3、2、1を3分割。

	度数	%	累積%
Mランク5	3,250	5.0%	5.0%
Mランク4	9,750	15.0%	20.0%
Mランク3	17,000	26.2%	46.2%
Mランク2	17,500	26.9%	73.1%
Mランク1	17,500	26.9%	100%
合計	65,000	100%	

パレートの法則を用いた区分
- 5% 最優良顧客
- 15% 優良顧客
- 利用金額 通常顧客

（数値は解説のための参考値）

◆識別方法

それぞれの軸を区分し、それぞれをかけ合わせた**マトリクス表**（次ページ図表参照）で顧客を分布したところ、最も納得感が高かったのがRecency×Monetaryのシートでした。

ソシエ・ワールドのような美容サロン運営会社は、顧客を休眠顧客に陥らせることなく、定期的に来店してもらわなければサービスが完結しないビジネスモデルです。そのため、Recencyを最重要視しました。物販系に見られるような売上の指標だけでは、顧客の本質を捉えることはむずかしい業態なのです。

その次に重要視したのは、Monetaryです。なぜなら、Frequencyを重要視すると、エステティックをメインで利用する顧客と比べて、単価の低いネイルなどをメインで利用する顧客の利用回数が多くなる傾向があるからです。そのため、企業として中核的なサービスであるエステティック利用顧客を優先することを選択したのです。

■識別方法

- 「R」「M」の2軸を中心に顧客管理を行なうのが最適と考える。

R「直近来店日からの経過期間」 × M「利用金額」

◆定期的に来店してもらうビジネスモデルのため、Recency（直近来店日からの経過期間）を最重要視する。
◆ネイル利用顧客などはFrequency（来店回数）が高くなる可能性がある。
◆Monetaryは利用金額であるため、ビジネスモデルの特性上、頻度高く来店することで上がるFrequencyまで含んだ概念といえる。

- RMランクを利用して顧客ランクを以下のように区分することが可能になる。

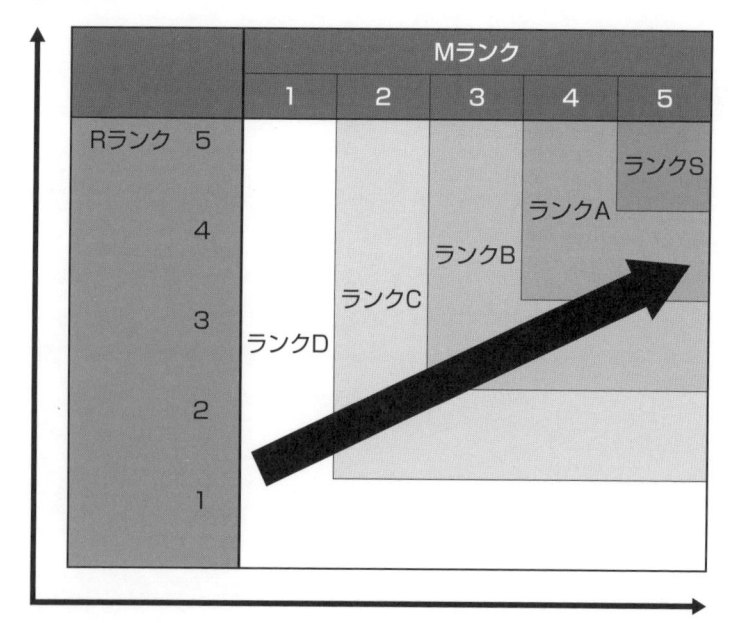

	Mランク				
Rランク	1	2	3	4	5
5					ランクS
4				ランクA	
3			ランクB		
2		ランクC			
1	ランクD				

ソシエ・ワールドは、企業独自の事情も加味した優良顧客の定義を確定して、顧客管理を細かく行なった結果、既存顧客の維持率が徐々に好転し始めました。
　いまでは全社を挙げた取り組みに発展し、全国の店舗でCRMプログラムを実践しています。

3-11
高級ブランド企業のVIPプログラム

> ラグジュアリーブランド業界は、明確な顧客の基準を設けていない企業が少なくありません。それぞれの企業が独自の基準で、顧客を把握しているのが実情です。

◆独自の顧客囲い込み施策

　持っているだけでステータスを感じられるような**ラグジュアリーブランド**における顧客囲い込み施策としては、誕生日の花などの贈り物やカタログの配送、送料やお直しの無料などが挙げられます。

　ブランド企業によってVIPの概念も異なりますが、上得意顧客は年間数百万円以上の購入者が対象になっています。こうしたVIPのさらなる囲い込み施策は、大変経費のかかるものです。

　たとえば、「トランクショー」（新作コレクションの発表前に紹介するスタイルのショーで、一般顧客よりも早い段階で購入ができる）などのイベントや、ブランド側が旅費を負担する上得意顧客向けのパーティー、本国で開催されるコレクションへの招待といった施策です。

　また、ブランドの立ち位置を明確にするために、購入金額以外にも「身に着けて様になる顧客」といった視点を加えているブランド企業もあるようです。高額の購入者だけではシニアばかりになり、本来、ブランドが目指しているターゲットのイメージにそぐわなくなってしまうからでしょう。

　いずれにしても、明確な基準を謳っているブランド企業は少なく、企業側が独自に選定して「あなたはVIPです」と告知していることが多いので、その実態はなかなか明るみに出ません。

　それゆえに、選定された顧客側のブランドへのロイヤルティも向上しやすいのです。

3-12
優良顧客を導き出す企業独自の評価指標

優良顧客の定義を導き出すためには、RFMの3つの評価基準を設定したうえで、各業界の特質を踏まえた方法論が必要になります。

◆RFMの評価基準を設定する

企業がRFM分析を適用するにあたって押さえるべき項目を整理すると、次のとおりになります。

⑴ 3つの指標の評価基準をどう設定するか？
- R （Recency：最新購入日）
- F （Frequency：累計購入回数）
- M （Monetary：累計購入金額）

⑵ 3つの指標で評価するとして、各業界（ビジネス）にふさわしい評価指標とその基準は何か？　どう設定するか？

顧客についての戦略評価軸は、⑴のRFMだけではなく、⑵のプラスαの指標が必要です。

RFMの座標軸の上で、企業独自の戦略への共感・共鳴が重要なのです。

飲食業であれば、「口コミなどで**頻繁に紹介してくれる顧客**」などでしょう。最近ではFacebookやTwitterなどのソーシャルメディアを駆使し、多様化しています。

通販会社であれば、「**幅広く商品を買ってくれる顧客**」などでしょう。単品指定買いではなく、まんべんなく買ってくれるということは、ロイヤルティの証でもあります。

百貨店であれば、「戦略売場」「強みとする商品」「PBを購入する顧客」

などの要素になるでしょう。

化粧品会社であれば、「**スキンケア商品を購入する顧客**」などでしょう。

最近では、企業・ブランドの"世界観"に共感する顧客、いわゆる**エンゲージメント**に注目している企業が増えてきています。

優良顧客の概念も、実際に購入しなくてもそのブランドについてFacebookやTwitter上で語ったり、友人・知人に紹介したりという具合に、RFMの枠組みを超えるものになっています。

この動きは、企業収益への直接的なインパクトもさることながら、間接的な波及効果を期待しているわけです。

ICTの進展により、こうした優良顧客の定義も変化しつつあります。

■**RFM分析の各業界への適用**

(1) 3つの指標の評価基準をどう設定するか？
- R（Recency：最新購入日）
- F（Frequency：累計購入回数）
- M（Monetary：累計購入金額）

(2) プラスαの評価基準をどう設定するか？
- 各業界（ビジネス）にふさわしい評価指標とその基準は何か？　どう設定するか？

3-13 優良顧客を見つける方法

ここでは、優良顧客の定義のまとめとして、「実績基準」「戦略基準」「将来基準」で考える方法のほか、定義する際の具体的なステップを紹介します。

◆優良顧客の定義

優良顧客の定義にはさまざまな方法がありますが、次のように業種・業界で一定程度、区分することができます。

■優良顧客の定義

実績基準
- 売上金額の上位 → デシル分析
- 売上金額・頻度・最新度 → RFM分析

戦略基準
- 事業・業態の特性を踏まえた評価指標 → RFM分析の応用
- 事業・業態の特性、企業からのアプローチへの反応
  （例）百貨店
  ①総合性（複数売場買い回り客）、②情報発信性（先行購買客）、
  ③顧客蓄積（顧客紹介力の高い顧客）

将来基準
- 過去収益・将来収益　（例）通信
- LTV（顧客生涯価値）　（例）金融

とりわけ**RFM分析**は多く使われますが、それだけでは不十分なことはすでに説明しました。

優良顧客は、①売上貢献の高い顧客（売上上位顧客）、②継続して購入する顧客、③頻繁に購入する顧客だけではなく、④企業独自の戦略への共感・共鳴といった要素を加味すべきなのです。

前述のソシエ・ワールドでは、「エステティック利用顧客を優先する」という意思があったように、提供する価値や還元するコスト試算も踏まえた優良顧客の設定が必要なのです。

■**自社にとっての優良顧客（企業独自の評価指標の設定）**

> ①売上貢献の高い顧客（売上上位顧客）で、
> ②継続して購入する顧客
> ③頻繁に購入する顧客
> 　→R（最新度）、F（頻度）、M（金額）を基準とした場合
> 　→顧客についての戦略評価軸がRFMでいいのか？
> ④企業独自の戦略への共感・共鳴
> 　（例）衣料品ブランド
> 　戦略商品を購入する顧客、複数のカテゴリーの商品を購入する顧客など
> 　→提供する価値、還元するコスト試算も踏まえた優良顧客の
> 　　設定が必要

◆真の優良顧客とは

単なる売上上位顧客では、通りすがりのたまたま高額な商品を購入した顧客まで（もちろん、大切な顧客であることは変わりないのですが）含めてカウントすることになります。

真の優良顧客とは誰でしょうか。もう二度と来ないかもしれない顧客を一途に待つことではないはずです。企業独自の戦略への共感・共鳴がある顧客を、より一層大事にすべきです。

前述の**ソシエ・ワールド**や、ホテルのようにレストランなどの設備を備えている業種であれば、設備の稼働率を安定化させるうえで、固定客こそが優良顧客になります。

たとえば、クーポン割引にだけ反応する顧客ではなく、割引と関係なく高価格を支払ってくれるリピーターが優良顧客になるのです。

■優良顧客を定義するステップ

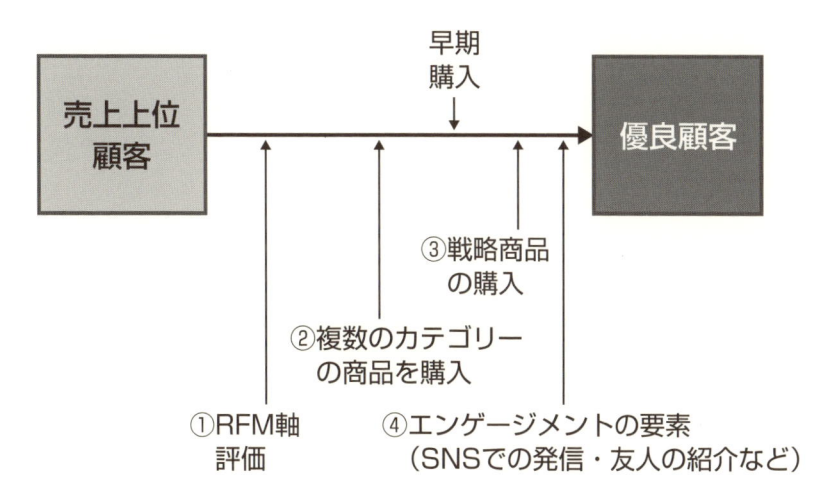

```
売上上位顧客  →  優良顧客
     ↑   ↑   ↑（早期購入）
     ①   ②   ③
     RFM軸  複数のカテゴリー  戦略商品
     評価   の商品を購入    の購入
              ④エンゲージメントの要素
              （SNSでの発信・友人の紹介など）
```

①売上上位顧客だけではなく、RFMなどの分析軸で大まかに区分。
②単品通販的なビジネスモデルでない限り、さまざまなカテゴリーにまたがって購入する顧客を大切にする。
③ある特定の戦略商品を購入する顧客を大切にする。
④企業・ブランドの"世界観"に共感する、エンゲージメントの高い顧客を大切にし、同様の価値観を持つ顧客を広げていく。

第4章
顧客接点を持ち、顧客を維持・育成する

4-1
顧客リレーションなくして顧客満足はあり得ない

> 多岐にわたってバラバラに存在する顧客接点を整備し、チャネルごとに顧客データを統合、一元的に管理することが、顧客満足へとつながっていくのです。

◆優先すべきは優良顧客への対応

　まずは顧客のニーズや行動に即して、企業との接点（**顧客接点**）を開発する必要があります。

　コールセンターや店舗などでの顧客対応や、営業担当者を中心に展開する営業プロセス、それらすべてを含む組織の改革といった機能の設計を行なっていくということです。

　次に、設計した顧客接点で顧客データを収集し、有効かつ正しく活用できるように管理します。実際には、顧客セグメントごとの維持・育成、優良顧客の満足度の向上、休眠・離反顧客の抑制などにつなげていくのです。

　顧客の識別を実施したことで、セグメントごとに顧客接点を検討することができますが、顧客の維持・育成において優先して取り組みたいのが「優良顧客への対応策」です。

　また、優良顧客の満足度を高めるためには、他の一般顧客と区別したリレーション展開が必要になります。このとき、一貫した継続的な対応でなければなりません。

　さらに、優良顧客から休眠・離反顧客を生まないための予兆を把握する施策も必要になります。

◆統合的管理の重要性

　多様な顧客接点を設計管理するにあたり、重点的に検討しなければなら

ないのは、次のようなことです。

- チャネルごとのデータの統合
- コンテンツの共有化
- 顧客データの一元的管理
- シームレスな顧客対応

　各顧客接点はバラバラに存在し、情報も還流していないケースが一般的です。これらを整備することができれば、CRMプログラムは完成している状態といえます。

■多様な顧客リレーション（統合的管理の重要性）

- チャネルごとのデータの統合、コンテンツの共有化、顧客データの一元的管理、シームレスな顧客対応をいかに体系的に実現するか？
- 消費者購買行動モデルの「AISAS」（116ページ参照）を使って、顧客の購買フローと、企業活動の関係を表わすと……

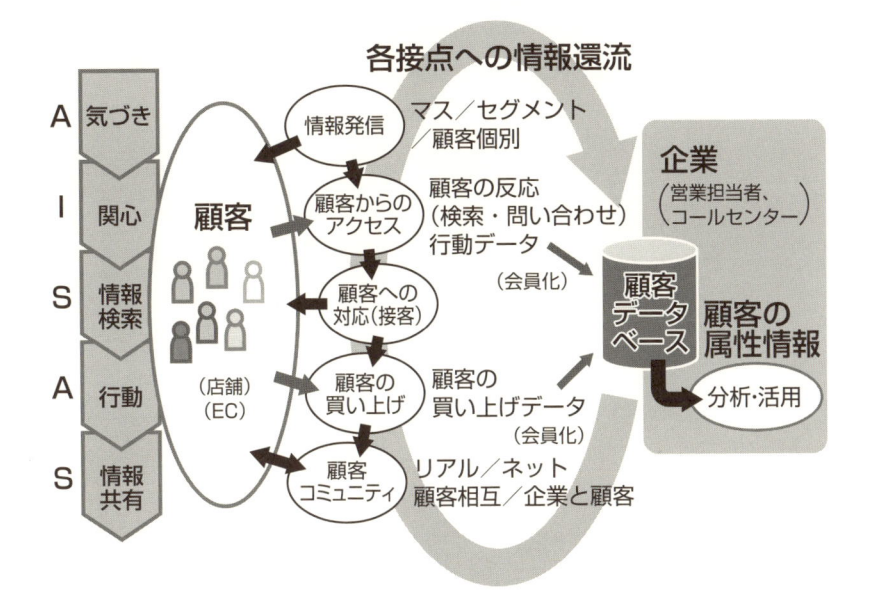

各接点への情報還流

AISAS	顧客	企業活動	内容
A 気づき		情報発信	マス／セグメント／顧客個別
I 関心	顧客	顧客からのアクセス	顧客の反応（検索・問い合わせ）行動データ（会員化）
S 情報検索		顧客への対応（接客）	
A 行動	（店舗）（EC）	顧客の買い上げ	顧客の買い上げデータ（会員化）
S 情報共有		顧客コミュニティ	リアル／ネット　顧客相互／企業と顧客

顧客データベース → 顧客の属性情報 → 分析・活用

企業（営業担当者、コールセンター）

第4章　顧客接点を持ち、顧客を維持・育成する

◆百貨店における統合的管理

　図表は、ある百貨店の事例です。顧客と百貨店の間にいくつものチャネルが存在していることがわかります。

■百貨店における顧客リレーション

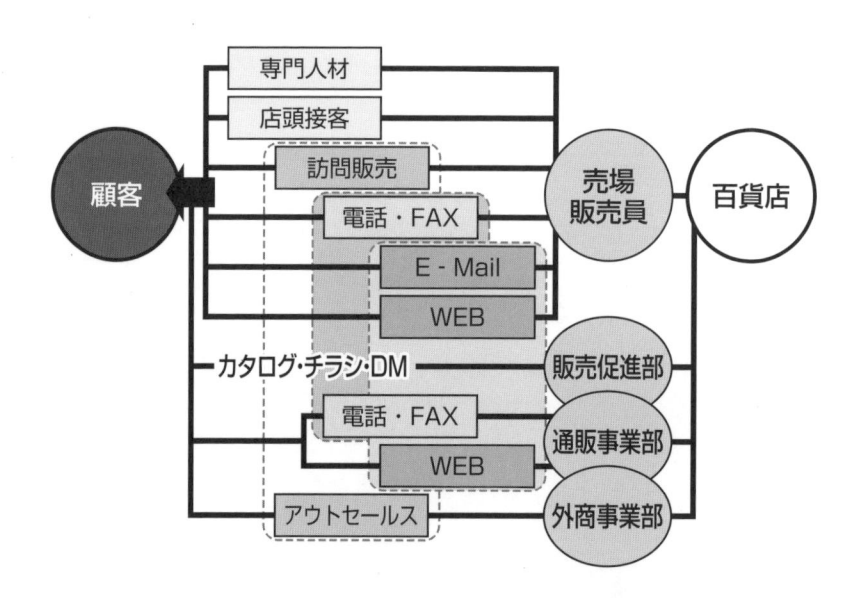

```
顧客 ── 専門人材 ─────────┐
     ├─ 店頭接客 ────────┤
     │                  │─ 売場販売員 ─ 百貨店
     ├─ 訪問販売 ───────┤
     ├─ 電話・FAX ──────┤
     ├─ E-Mail ─────────┤
     ├─ WEB ────────────┤
     ├─ カタログ・チラシ・DM ─ 販売促進部
     ├─ 電話・FAX ──────┐
     ├─ WEB ────────────┤─ 通販事業部
     └─ アウトセールス ── 外商事業部
```

　百貨店には「売場販売員」「販売促進部」「通販事業部」「外商事業部」などのセクションがありますが、それぞれのセクションで、さまざまな顧客接点があります。

　売場販売員であれば、特定の商品の専門知識を持って応対するスタッフや店頭で接客するスタッフ、訪問販売を行なうスタッフなどの人的リソースとしての接点、電話やメール、WEBなどの何らかの媒体を経由した接点などです。

　顧客のニーズや行動に則して、チャネルごとにデータを得て、確実に利用できるようにする必要があります。もちろん、その相互関係も検討のポイントです。

　そのためにも、「顧客の識別」は絶対的な前提です。顧客の識別を行なっていなければ、その後のアクションにはつなげられません。

4-2 顧客接点とはいったいどんなものか？

店舗やコールセンター（コンタクトセンター）など、顧客接点は主に5つに分類できます。各接点の特徴を理解したうえで、それぞれの強みを活かした対応が必要です。

◆顧客接点を構成する要素

　顧客接点を構成する主な要素としては、①**営業担当者**、②**店舗**、③**コールセンター（コンタクトセンター）**、④**WEBサイト**、⑤**ソーシャルメディア**などがあります。

①営業担当者
　WEB化や電話化、メール化がむずかしいケースもあります。そうした際には、営業部門でのリソース配分をコントロールして、メリハリづけを行ないます。
　要は、**優良顧客には優秀な営業パーソンに担当させ、さらに効率的に動くためにサブの営業パーソンをつけ、作業を代替させることなどにより、細かな対応まで迅速にできるような環境を構築する**のです。
　支援部隊も充実させ、見積もりや提案資料の作成なども実施します。そうしたことで、より迅速さが増します。
　一方で、相対的に収益性の低い顧客セグメントに対しては、営業担当者の質、支援部隊の工数などを抑えることで、効率性を担保します。
　営業担当者の顧客管理の巧拙も、顧客接点の重要な側面です。多くの企業で「情報共有がうまくいっていない」という課題に直面しています。SFAを導入している企業は少なくありませんが、営業担当者の行動管理にしか使われていなかったり、データが蓄積されていても放置されたままだったり、日々の業務に忙殺され、そこまで手が回っていなかったりする

実態が浮き彫りになっています。

　営業担当者は、B to Bにおいては唯一の顧客接点です。顧客接点の観点から、営業担当者のあり方を検討し直す必要があります。

②店舗

　店舗は、実店舗を展開している企業にとって最も重要な顧客接点です。スタッフによる応対によって、顧客に「次回も来店したい」と感じてもらえるかどうかが重要な意味を持ちます。

　自然派化粧品や石鹸を展開している**ラッシュ**に関して、Twitterの投稿（ツイート）を調べたところ、顧客の声として、「店頭での接客体験の素晴らしさ」が多く挙げられました。競合の**ザ・ボディショップ**や**ロクシタン**でも同様の調査をしましたが、そうした傾向は見られませんでした。

　私もラッシュで接客を体験したことがありますが、非常に楽しいものです。「また来よう」と感じさせるエッセンスが散りばめられていました。

　第3章で紹介したソシエ・ワールドでは、識別した顧客セグメントの下、予約の入っている顧客の購買履歴を確認し、きめ細かな接客を実践しています。その結果、優良顧客の維持率は年々上昇しています。

　なお、店舗には「オンライン店」も含まれます。実店舗のようにスタッフによる接客がない分、ユーザビリティが重要なカギになります。また、最近は「返品送料無料」などのサービスを展開することにより、試着して気に入った商品だけを購入することが実質的にできるようになっています。リアルとネットの垣根は、どんどん崩れてきています。

③コールセンター（コンタクトセンター）

　いわゆる「お客様相談窓口」は、直接的に顧客と向き合うわかりやすい接点です。

　技術革新に伴い、電話応対だけだった頃から比べると、その呼び名も「コールセンター」から「コンタクトセンター」などと称されるようになり、WEB、電子メールなど、取り扱う範囲は広範囲にわたっています。それらを自動化する動きもあり、店頭での顧客との応対さえその対象になってきています。

■顧客接点の5つの要素

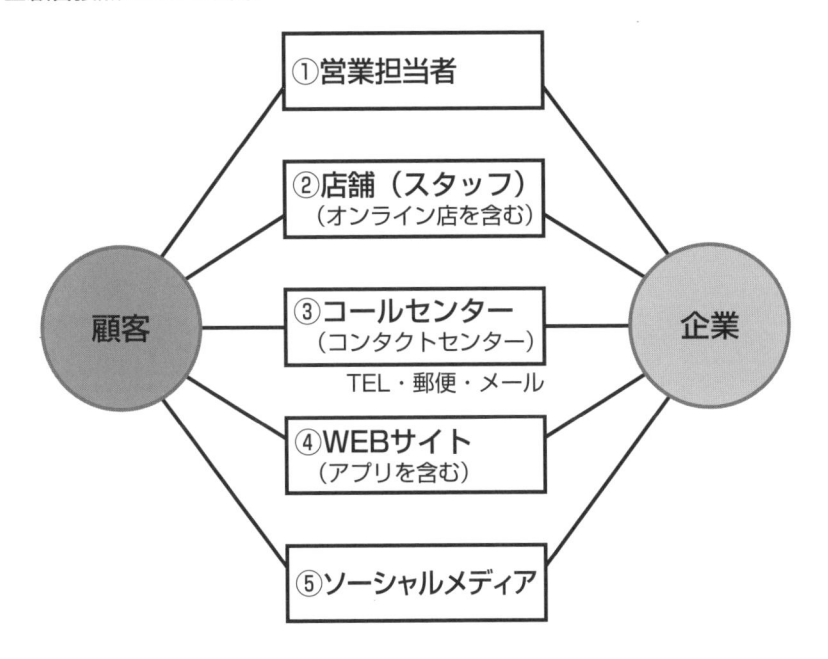

```
              ①営業担当者
              ②店舗（スタッフ）
                （オンライン店を含む）
  顧客 ──── ③コールセンター ──── 企業
                （コンタクトセンター）
                TEL・郵便・メール
              ④WEBサイト
                （アプリを含む）
              ⑤ソーシャルメディア
```

第4章　顧客接点を持ち、顧客を維持・育成する

　こうした自動化の波は、顧客とのコミュニケーションを効率的に支援するためのものです。これにより、コスト削減、品質改善、生産性向上、顧客満足向上などにつなげることができます。

　先進的なコールセンターでは、情報システムの進化に伴い、電話とコンピュータを結びつけて、さまざまな対応を可能にしています。顧客からの問い合わせや注文を受け付ける機能にとどまらず、そこからマーケティング情報を収集し、蓄積することで、データ分析を行なっています。

　また、コールセンターでの接客に必要な企業側の情報の蓄積にも活用しています。顧客の購買履歴の管理、顧客に回答すべき情報・知識の閲覧、在庫の有無や納期の確認については即時に検索し、最適な回答に到達、的確に回答できるようになっています。

　さらに、SFAとの融合を実現しているソリューションもあり、「統合型顧客システム」として発展しています。営業部門と連携し、対応状況を伝えることで、迅速な顧客サービスにつなげることができるのです。

　優良顧客かどうかの識別と、それに応じたコールセンターのオペレータ

ーのスキルレベルでの振り分け対応も可能になっています。

電話をメインとした通販会社では、テレマーケティングがビジネスの成果に直接つながります。そこで、オペレーターの情報システム画面は、顧客の連絡先、購買履歴、支払方法、支払状況などのデータをもとに、注文から配送手続きまで完結させられるようになっています。

コールセンターに電話がかかってきたときは、既存顧客か新規顧客か、既存顧客なら購入頻度、購入商品、購入金額などが画面で判断できます。

コールセンターの機能として非常に重要なのが、顧客データの共有です。顧客データをきちんと管理しているコールセンターでは、どのオペレーターが電話を受けても、その顧客のあらゆる状況が把握できて、適切な対応をとれるようになっています。

過去の購買履歴がわかっていれば、アップセルやクロスセルの提案も行なうことができます。

昨今では、ソーシャルメディア上でもコンタクトセンター的な運用を実施している企業が増えてきています。各社は慎重ながら、顧客との直接的な接点として浸透してきています。

コンタクトセンターは「**電話受付センターから、マーケティングなどの攻めの機能を持った顧客対話センターまで含めたもの**」として捉えるべきです。

④WEBサイト

企業と消費者の取引であるB to C（Business to Consumer）はもちろんのこと、B to Bにおいても、WEBサイトは重要な顧客接点となってきています。顧客データの取込口、単なる通路として機能するだけではなく、中には自社サイトに数千万人にのぼる登録者を集める企業もあり、マスメディアを凌駕（りょうが）する集客力を持つまで成長しています。

こうしたWEBサイトは、目に見える企業の姿であり、企業が顧客と双方向で対話する「場」なのです。

皆さんの会社のWEBサイトは、アクセスしてきた人から見てわかりやすいWEBサイトでしょうか。デザインや表現のトーンやマナーに統一性はあるでしょうか。もとより、顧客との重要な接点として捉えているでしょうか。

WEBサイトは特定の部門・部署の問題ではなくなっているのです。

常にアクセスしてくるユーザー（顧客）への配慮は必要不可欠です。どんなにすばらしいコンテンツを並べていても、ユーザビリティの設計がきちんと行なわれていないWEBサイトは、商品の購入はもちろんのこと、閲覧さえしてもらえません。

ユーザビリティは、ユーザーの満足度を高めることと同時に、不満足要因を低減することです。顧客は多くのWEBサイトに接触しているので、目が肥えています。WEBサイトは、絶え間ない改善が必要な顧客接点なのです。

WEBサイトは、企業と顧客のインタラクティブな関係性を構築するために非常に適しています。また、実店舗を展開する企業の場合は、WEB上のコミュニケーションから実店舗に誘導する**O2O（Online to Offline）**を実践し、ビジネスを拡大することも可能になってきています。

WEBサイトにアクセスするデバイスの進歩も、顧客接点を考える際に留意すべきポイントです。「**PC（パソコン）**」は当然ですが、携帯電話やスマートフォン、タブレット端末などの「**モバイルデバイス**」、WEBサイトが閲覧できる「**テレビ**」なども対象になります。

ひと口に「WEB」といっても、これからはサイズも用途も環境も異なるデバイスを意識したユーザビリティの設計に取り組む必要があるのです。

たとえば、宅配ピザチェーン店は、スマートフォンに搭載されたGPS機能を利用して、花見やバーベキューの際など、詳細な住所がわからない屋外でも配達場所に指定できる「アプリ」を提供しています。簡単に注文できる便利さが受け、利用者が増えています。使えるアプリは口コミで加速的に広がります。こうしたアプリも、顧客接点といえるでしょう。

⑤ソーシャルメディア

顧客接点として見過ごすことができなくなっているのが、Facebookや Twitter、LINEに代表されるソーシャルメディアです。

ソーシャルメディアの特徴は"**評判**"を獲得できるところです。

企業が商品・サービスの情報を上手に発信すれば、従来のマスメディアなどを使わなくても、ソーシャルメディア上で口コミが広がり、企業や商品の認知向上や優良顧客の囲い込み、時には売上拡大といった成果を獲得することができるのです。

一方で、「Twitterアカウントや、Facebookページ（企業公式ページ）

を開設したが、単に話題になっただけで、期待していたような成果が得られなかった」という相談をよく受けます。ブームに乗じて、「他社がやっているから、わが社も」では目的が不明確ですから、取り組んでも成果を得ることはできません。

　現状において考えられる目的としては、「ソーシャルメディアを理解するため」「商品・サービスや企業に対する認知を広げるため」「既存顧客との交流のため」「売上に貢献するため」といったことが挙げられます。目的を明確にしたうえで、メディアの特徴に合わせたコミュニケーションプランを設計し、実施後も定期的に効果測定を続けることが重要です。

　このようにPDCAサイクルを回すことが、ソーシャルメディア活用の必要条件なのです。

　ソーシャルメディアに取り組むにあたっての運用体制に関する質問もよく受けます。会社の顔となり、企業の代弁者として発信したことが、誰もがアクセスできるWEB上にテキストデータで残ります。そのため、**メディアの特徴と自社の考え方をよく理解した人を育てる体制を確立していく**ことが運用のポイントです。

　先行した事例は**ソフトバンク**でしょう。孫正義社長のTwitterでの「やりましょう」は、同社の顧客接点を劇的に変えました。

4-3
企業と顧客を直接つなぐ
O2O(Online to Offline)

> 忙しいとき、WEBにアクセスすれば、商品や店舗情報を簡単に収集することができます。O2O は企業と顧客を直接つなげる強力なツールとして進化しています。

◆O2O(Online to Offline)とは

O2Oとは、Online to Offlineの略で、「**WEB（オンライン）上で得た情報をもとに実店舗（オフライン）に行き、商品・サービスを購入する消費行動**」を意味します。スマートフォンとソーシャルメディアの急速な普及で、注目を集めるようになりました。

スマートフォンの普及により、街中でWEBにアクセスする環境が広がっています。オンラインクーポンの取り組みが始まった当初は、WEBサイトに表示されたクーポンをプリンターで印刷して店頭で出す人もいましたが、いまではスマートフォンや携帯電話のクーポン画面を直接見せるのが一般的です。

また、GPSにより位置が特定できるようになったため、現在地に近い店舗情報を簡単に絞り込むことも可能になりました。

このO2Oの概念自体はさほど新しいものではなく、従来から取り組みは行なわれてきました。技術革新により、それらが加速して一般化してきたと理解すればよいでしょう。

飲食店の従業員がFacebookやTwitter、LINEを利用し、その日のおすすめメニューや、空席情報、割引情報などを配信して、ファンになった顧客がより店舗に来やすくなるといった事例も増えています。

代表的な事例として、「かざす」や「見せる」などで有名な**日本マクドナルド**の『**とくするアプリ**』があり、これは2002年から実施されています（178ページ参照）。

■O2Oの仕組み

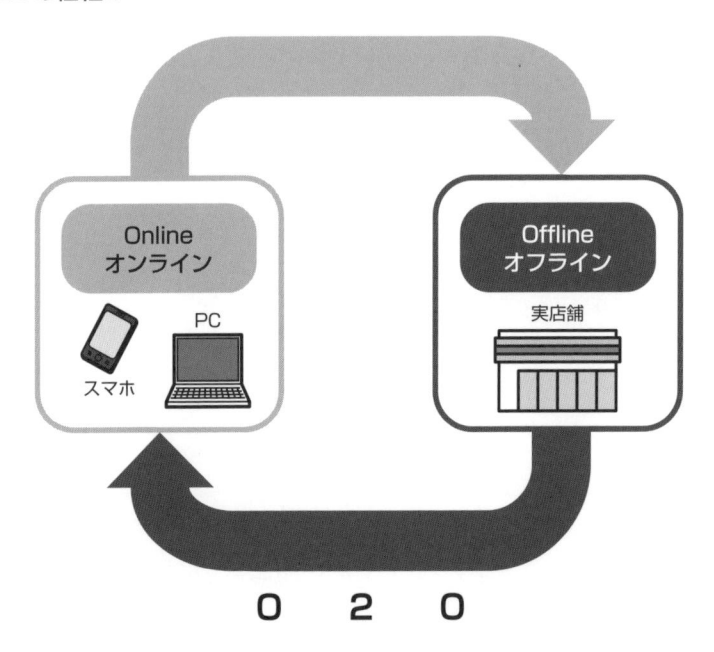

```
      Online              Offline
     オンライン           オフライン
    スマホ  PC           実店舗

            O 2 O
```

◆スマホの機能を使って集客

　ネットの向こう側にいる顧客を実店舗に呼び込むことばかりに注目が集まりますが、O2Oの活用法はそれだけではありません。
　たとえば、顧客が店舗のあるエリアに来ると、自動的にその店舗で使えるクーポンを配信するサービスや、来店時にスマートフォンや携帯電話に割引情報を配信するサービスもあります。
　居酒屋「和民」を展開する**ワタミフードサービス**では、スマートフォンの地図機能を使って現在地に近い店舗のクーポンが入手できる『**ワタミグループ公式アプリ**』を提供し、オンラインからオフラインへの誘導を図っています。来店者が少ない雨の日は割引率を高めるなど、店舗の混雑状況に合わせてクーポンの内容を変更することが可能になるのです。

◆O2O構築の最大のポイント

　このように、O2Oは主に集客を目的とした使われ方がメインですが、そ

うして実際に来店した顧客をどのように深化させていくのかも、同時に考えていく必要があります。

　飲食店でいえば、店長やスタッフなど、その情報を発信する側と情報を受け取る顧客の間でさまざまなコミュニケーションが行なわれ、発信者に対するある種の信頼感が醸成されているからこそ、その情報を信頼して顧客はわざわざ店頭に足を運ぶわけです。

　気をつけなければならないのは、クーポンサイトのような単なる**フラッシュマーケティング**として展開することです。

　フラッシュマーケティングによるクーポン施策は飲食店でよく行なわれていますが、たとえ一時的な集客には成功しても、真の優良顧客を捉えられる施策ではありません。実際に、そのような経路で集客した顧客のLTV（**顧客生涯価値**）を測定すると、効率は悪かった――そんな結果を私は何度も見てきました。

　顧客をリピートさせるために、やるべきことはもっと他にあります。

　O2Oを考えるときに、最も大切なのはLTVです。自社独自のO2Oを構築する最大のポイントは、識別できる顧客として迎え入れることができるかどうかです。O2Oは、提供する企業と顧客を直接的に結ぶ「つながりの証」です。

4-4 消費者購買行動モデルから顧客接点を設計する

消費者の購買行動は、長い間、「AIDMA」で考察されてきましたが、WEB環境の進展などによって、新たに「共有」（Share）が欠かせない要素になりつつあります。

◆AIDMAからAISASへ

マーケティングの教科書に出てくる「AIDMA」は、長い間、消費者の購買行動のモデルとして使われてきましたが、WEB2.0の時代を迎えて以降、電通などにより提唱された「AISAS」が一般的になってきました。

■消費者購買行動モデルのシフト

【ソーシャルメディア時代】
S：Sympathize（共感）がすべての入り口
I：Identify（確認）自分に有益か否か確認
P：Participate（参加）買わなくても
S：Share＆Spread（共有＆拡散）
　　　　　　　　　　つながりの中で

【AISAS】
A：Attention（注意）
I：Interest（興味・関心）
S：Search（検索）
A：Action（行動）
S：Share（共有）

【AIDMA】
A：Attention（注意）　　認知段階
I：Interest（興味・関心）
D：Desire（欲求）　　　感情段階
M：Memory（記憶）
A：Action（行動）　　　行動段階

AISASは、A（Attention：注目）、I（Interest：興味・関心）まではAIDMAと同じですが、S（Search：検索）し、A（Action：行動）につながり、そこで終わることなくS（Share：共有）になっていることがポイントです。

◆顧客との接点を最適に設定すること

　顧客接点は、顧客の意識によっていくつかの段階に分かれます。
　顧客を理解し、顧客の意識・行動に合わせ、そのプロセスに最適な顧客接点を設計する必要があります。
　前述のAISASモデルになぞらえると、A（Attention）の段階（顧客が気づきを覚える段階）では、企業側の情報発信が重要になります。
　顧客からまったく認知されていない商品・サービスであれば、広告という手段を使って認知を広げる必要があります。企業が取り扱う商品・サービスのポジショニングいかんで、どういった種類の広告を展開すべきかが自ずと変わってきます。
　広告の概念は幅が広く、新聞・雑誌・テレビ・ラジオなどマス4媒体で展開する従来型の広告や、WEB上のコミュニケーション、OOH（交通広告・屋外広告）など、あらゆる方法があります。
　いずれもコストがかかる方法です。マスマーケットを相手にすればするほど、その金額も膨れ上がります。一方で、その広告投資コストを効率化するのがCRMの役割でもあるのです。
　また、一定程度の認知を獲得していたり、すでに一度はその商品・サービスを利用していたりした顧客に対しての情報発信は、手段が異なってきます。DMや電話、メールなど、直接的にコンタクトをとるといったものです。
　また、I（Interest）、S（Search）といった顧客が、商品・サービスに興味・関心を持ち、能動的に情報収集を行なう場合は、インターネットでのユーザビリティの高さやコールセンターでの応答品質などが重要になります。
　実店舗での接客も該当してきます。ここでの応答状況によって、その後の展開も変わってくるので、重要な顧客接点の機会といえるでしょう。
　A（Action）に至っては、購買行動そのものの機会です。一般的には、

顧客満足度の状態はピークに達しています。生命保険会社の場合は契約のタイミングにあたりますが、このタイミングで紹介依頼を実施することを1つの流れにしています。最も顧客満足度の高いタイミングであることを踏まえた展開です。

AIDMAではA（Action）で終わりますが、AISASではS（Share）で終わります。良い買い物や良い体験をすれば、人は自分の友人などのネットワークの中で情報を共有しようとします。共有の方法は、FacebookなどのSNSがメインで活用されています。

情報共有を頻繁に行ない、TwitterのフォロワーやFacebookの友だちが多い人など、他者への影響度の高い（とされる）**インフルエンサー**も、顧客接点として重要度が増してきています。

■顧客接点の設計

（顧客を理解し）顧客の意識・行動に合わせ、そのプロセスに最適な企業と顧客の接点を開発し、配置する。

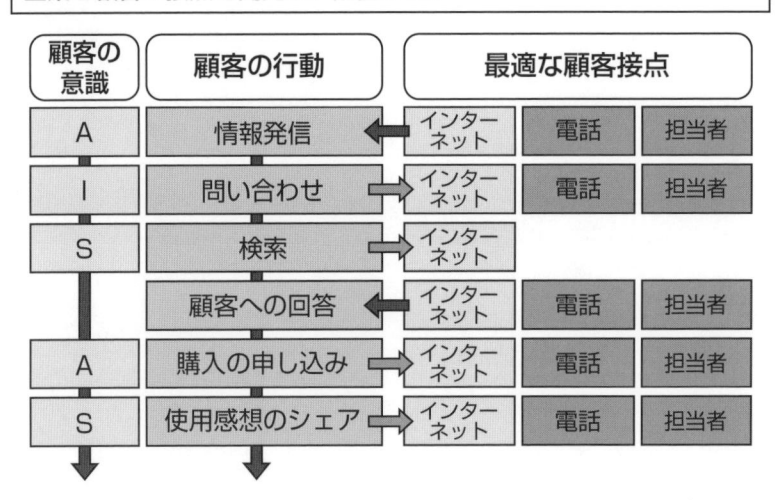

顧客の意識	顧客の行動	最適な顧客接点		
A	情報発信	インターネット	電話	担当者
I	問い合わせ	インターネット	電話	担当者
S	検索	インターネット		
	顧客への回答	インターネット	電話	担当者
A	購入の申し込み	インターネット	電話	担当者
S	使用感想のシェア	インターネット	電話	担当者

4-5

顧客との親密な関係性を築く方法

> 顧客との関係づくりは、さまざまなアプローチが考えられます。業種や業界に適した方法を採らなければ、効果は得られません。

◆業種・業界に応じた顧客との関係づくり

　顧客接点づくりの取り組みは、あらゆる業界で適用できるものが正しいとは限りません。顧客単価の低いビジネスモデルでは、無用の長物になります。各業種・業界に適した顧客との接点づくり、関係づくりを行なう必要があります。

■顧客との接点づくりと関係づくりのステップ

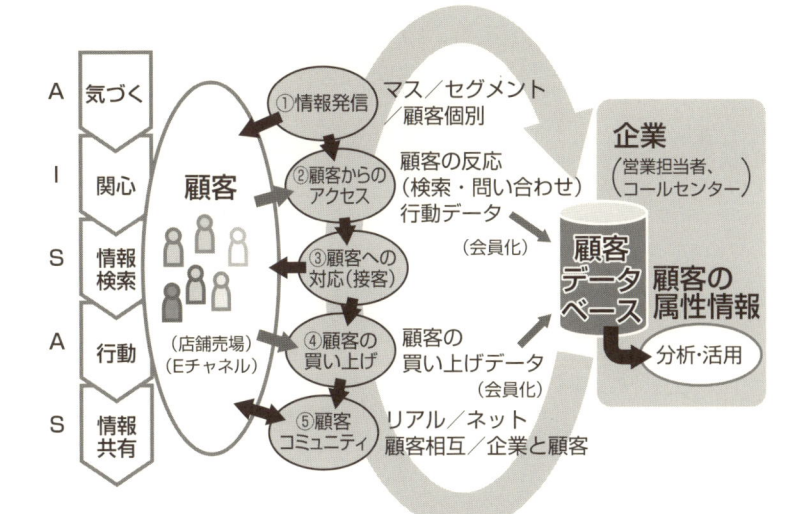

```
A  気づく      ①情報発信         マス／セグメント／顧客個別
I  関心        ②顧客からの      顧客の反応
              アクセス         （検索・問い合わせ）
                              行動データ        企業
                                             （営業担当者、
                                              コールセンター）
S  情報検索    ③顧客への対応（接客）            （会員化）
                                             顧客データベース
A  行動       （店舗売場／Eチャネル）
              ④顧客の買い上げ    顧客の買い上げデータ    顧客の属性情報
                                （会員化）              分析・活用
S  情報共有    ⑤顧客コミュニティ  リアル／ネット
                                 顧客相互／企業と顧客
```

顧客の購買行動に合わせてステップごとに顧客接点を整理してみよう。

①情報発信

　対象とするターゲットに向けて情報を発信します。マス、セグメントされた層、個別顧客といったターゲットにより、顧客接点の種類も変化してきます。

　マスメディアを活用して情報を発信するだけでなく、FacebookなどのSNSを活用してセグメントされた層（企業のFacebookページに「いいね！」をしてくれている固有のファンなど）に向けてメッセージを配信したり、個別顧客に向けてDMを送ったり、電話をかけたりすることが挙げられます。

②顧客からのアクセス

　情報発信をベースに、顧客（潜在的な見込顧客も含む）が企業の顧客接点に向けてアクセスしてきます。HPへの来訪、お客様相談窓口への電話やメールなどです。実店舗を構えている業態であれば、店舗への来訪、営業担当者への声がけなど、多様な反応が考えられます。

　B to Cにおけるコールセンターなどの差別化対応については、受付する時間の幅や、電話のつながりやすさ、解決までのプロセスなどが考えられます。

　たとえば、受付時間帯では、24時間365日対応に対して「**平日日中のみ**」、電話のつながりやすさでは「**VIP向け電話番号の設置によるホットライン化**」、解決までのプロセスでは「**高スキルのオペレーターに担当させる**」などです。

　解決までのリード目標も、「**24時間以内の解決**」といった具体的な目標を設定します。

　このようにさまざまな差別化が考えられますが、単に応対のリソースを良くするだけでは十分ではありません。顧客とのあらゆる接点を把握・理解し、マッチした対応をとる必要があります。何でも過剰に対応すればよいわけではありません。

③顧客への対応（接客）

　「アクセスされた反応に対して、どのような対応を行なうか？」という問題です。2日以内の回答厳守、問い合わせからの情報提供など、企業の顧客対応の姿勢が問われるポイントです。

　実店舗であれば、いわゆる接客です。その際、顧客の過去の購買履歴が

わかっているか否かで、接客の幅は変わります。

④顧客の買い上げ

　顧客の購買履歴などのデータを管理します。場合によっては、会員化まで行なうこともあります。

　顧客との関係では、双方向の関係性を維持することに努めるべきです。それができない限り、CRMの実践はいつまでも夢の中です。

⑤顧客コミュニティ

　買ってくれた顧客がファンになっていくことが理想です。特定の商品・サービスのファンがコミュニティを形成することも具現化しています。

　優良顧客を維持・育成するための施策や、休眠・離反顧客を生まないための施策に成長させることを目指します。

　顧客との関係の深さに応じて情報提供や顧客対応を差別化していくことも必要な要素です。会員化により、顧客への経済的・非経済的還元を差別化することが、これにあたります。

　それぞれの接点における顧客とのやり取りは、**顧客データベース**に格納されていくべきです。

　もちろん、情報の中には、必要なもの、そうでないものがあるので、何でもよいわけではありません。しかし、1人の顧客の情報が、あらゆる接点において共有化されるために、データベース化し、その情報を各接点の関係者に環流させることが理想です。

4-6
優良顧客を育てる顧客接点の管理

顧客データの収集を綿密に行ない、一元的に管理できる体制を構築することが「顧客接点の管理」で、優良顧客を育てるためには極めて重要な要件です。

◆一元的管理の構築

顧客を維持・育成していくにあたっては、いくつかの要件を満たす必要があります。

まず、顧客の属性やビジネスモデルに合わせた最適なチャネルの配置です。たとえば、小売の場合は「店舗スタッフ」や「DM」などが重要になります。

■一元的管理の構築

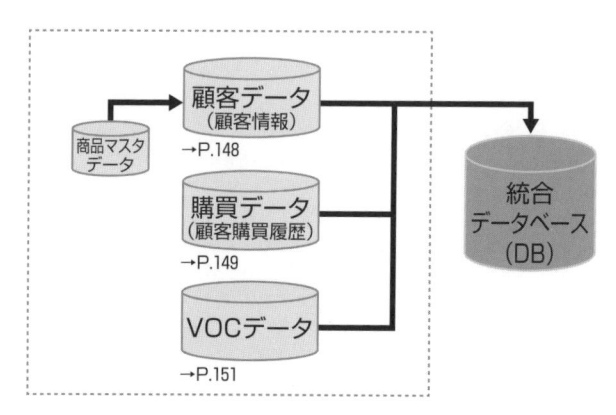

```
商品マスタ    顧客データ
データ       （顧客情報）
            →P.148
            購買データ          統合
            （顧客購買履歴）     データベース
            →P.149            (DB)
            VOCデータ
            →P.151
```

実店舗におけるPOSやオンライン通販におけるECサイトによる「購買データ」や、顧客の属性に趣味・趣向などの情報を加えた「顧客データ」、アンケートやコールセンターなどで収集される「VOCデータ」（顧客の声）などの複数のデータを結合し、統合データベース（DB）として構築する。

次に、顧客データの収集（購買初期）から購買、購買後のフォローまでの対応を管理すること、つまり、**顧客接点の管理**です。B to Bの企業の場合は、営業担当者がカギを握ります。通販会社の場合は、コールセンター（コンタクトセンター）が何より大切なチャネルです。
　さらに、**顧客データ（属性・対応・購買）の一元的管理**です。
　チャネルごとの情報の還流を実現するために、一元的に管理できる体制の構築は極めて重要です。ともすれば、「システム導入」という大義が先行しがちですが、各社さまざまな顧客管理システムを導入しています。
　そのうえで、組織としてデータを管理し、活用するという方針の是非を決定するのです。単にシステムを導入・改修しただけで、CRMプログラムができるようになるわけではありません。
　最も大切なのは、搭載するデータの正確さです。おざなりな情報収集では、完成度の高い顧客管理システムは望むべくもありません。こうした要件を満たす中で、**シームレスな顧客対応**が実現され、**顧客ロイヤルティ**につながっていきます。

◆顧客データの収集

　設計した顧客接点において、顧客の購買初期からデータの収集を行ない、購買、購買後のフォローまでの対応を管理することが、次に検討すべき事項です。
　第5章で説明しますが、顧客データの収集においては「いつ」「どこで」「誰が」「何を」「いくらで」「どれくらい」「どのように」購入したかを**管理することが重要となります。**
　たとえば、**ザ・リッツ・カールトン**では、ゲストの特徴を少しでも捉えることができた場合に、担当したスタッフが"メモ"（Guest Preference Pad）を書き留めて管理しているといいます。
　代表的なものに「左利きである」「（外国人のゲストで）日本語の挨拶を好む」「ベッドの左側で寝る」「ベッドを寄せて使用する」「ミネラルウォーターの種類」などがあります。
　些細なことの積み重ねですが、ゲストが次回滞在したときに、あらかじめ用意されていることで、「Wow！」といった体験につながるのです。

◆育成しやすい顧客にアプローチ

　1人の顧客が「いつ」「どこで」「誰が」「何を」「いくらで」「どれくらい」「どのように」購入したかというデータを分析することで、優良顧客を見出せることは第3章で説明しました。

　その優良顧客は、最初から優良顧客だったわけではありません。数多くの購買経験を経たうえで、優良顧客化するわけですが、データ分析を行なうと、優良顧客になる傾向の高い購買行動が見出せます。

　たとえば、初回購入時の商品の種類や数、CS（顧客満足）調査での回答など、その内容は企業によってさまざまですが、それらの発見をベースにして、育成しやすい顧客にアプローチすることができるようになります。

　私がCRMコンサルティングを行なっているアパレル企業やネット通販会社では、こうした傾向を活用したDM施策を展開するなど、効率的なマーケティング活動を行なっています。

4-7 一生涯の顧客を獲得するために

> 顧客データを蓄積してそれを一元的に管理するのも、すべては優良顧客を育成して、生涯の顧客になっていただくためです。

◆顧客データを蓄積して一元的に管理

　顧客の属性や応答・購買履歴などを蓄積したデータは、一元的に管理する必要があります。各顧客接点で有益な情報を収集していても、それぞれでしか流れていないとすれば、企業の力にはなり得ません。

　これは、実店舗を展開している企業ではしばしば直面することです。たとえば、美容院のような特定の担当制を敷いているビジネスモデルの場合は、その担当者が配置転換で異動したり、退職したりすると、顧客も離れてしまいます。

　「致し方ない」とあきらめてしまっていないでしょうか。一元的なデータ管理を実現していれば、そうした事態は起きにくくなるといえます。

　一元的にデータを管理するには、そのための組織体制が必要です。データの管理・活用には、大変な労力がかかります。集約的に実践できたほうが効率的なのは、想像にかたくないと思います。

　アートネイチャーでは、顧客からの問い合わせから販売後のメンテナンスまでの営業ステップに応じた顧客接点を、CRMシステムである『My-Do』で一元的に管理し、情報共有化を進めています（次ページ図表参照）。

　優秀な営業担当者の営業ステップを体系化したもので、誰でも活用できるといいます。

　このCRMシステムは、顧客のあらゆる情報が統合的に管理されており、顧客の現段階が「見える化」できています。したがって、「どのステップに時間がかかっているのか？」というデータも蓄積され、顧客が離脱する

タイミングなども判明するのです。こうしたことがわかっていれば、離脱を未然に防止することも可能になり、成約率が上がるでしょう。

このようなシステムを導入し、情報を還流させることで、顧客対応もシームレスになっていきます。

■顧客（属性・履歴・進捗）データの共有化（アートネイチャーの場合）

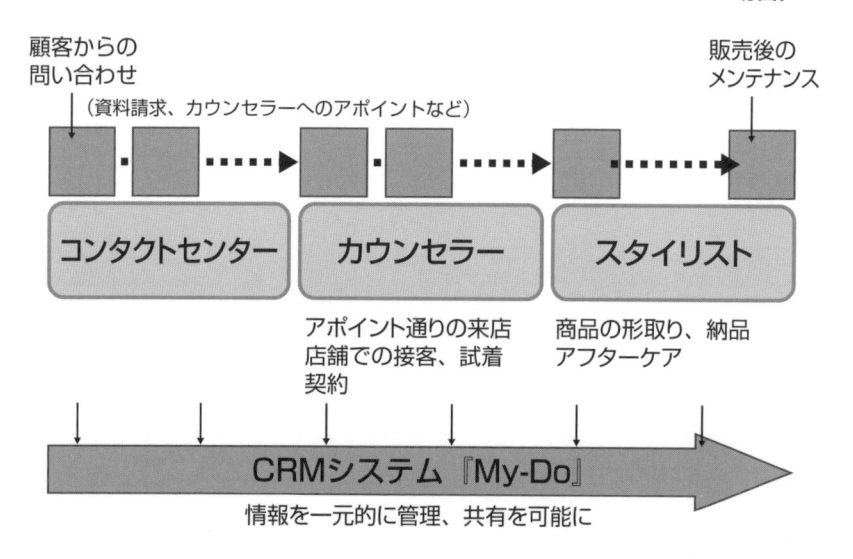

```
顧客からの                                                    販売後の
問い合わせ                                                    メンテナンス
    (資料請求、カウンセラーへのアポイントなど)

[ ] ‥‥[ ]‥‥▶[ ]‥‥[ ]‥‥▶[ ]‥‥[ ]‥‥▶[ ]

┌─────────────┐  ┌─────────────┐  ┌─────────────┐
│コンタクトセンター│  │ カウンセラー │  │  スタイリスト  │
└─────────────┘  └─────────────┘  └─────────────┘
                     アポイント通りの来店  商品の形取り、納品
                     店舗での接客、試着   アフターケア
                     契約

         ↓  ↓     ↓     ↓     ↓     ↓     ↓
        ━━━━━━━━━━━━━━━━━━━━━━━━━━━━━━━▶
         CRMシステム『My-Do』
         情報を一元的に管理、共有を可能に
```

◆シームレスな顧客対応

このような顧客接点の設計管理の取り組みにより、**シームレス**な**顧客対応**を実現することで、**顧客ロイヤルティ**の向上が図れます。

第3章で紹介したソシエ・ワールドは全国・海外に店舗を展開していますが、各店舗では、朝礼でその日の予約顧客に関するあらゆるデータを共有し、全スタッフが顧客の特徴を再認識することで、おもてなしサービスを実現しています。これにより、顧客の維持率は着実に上がっています。

顧客との間で強い関係性を築き、一生涯の顧客を獲得すること。これは、**LTV**（**顧客生涯価値**）の向上を重要視している顧客接点の設計管理といえます。

このように、顧客の維持・育成にあたって、顧客接点の設計管理は欠かせないものなのです。

4-8
顧客を維持・育成するために必要なこと

> 顧客の維持を図るには、フィリップ・コトラーの考えた手法を参考にできます。ここではそのポイントを紹介します。

◆顧客セグメント上位へのランクアップをいかに行なうか？

　顧客の維持・育成は、**顧客識別ピラミッド**において、セグメント上位へのランクアップを行なえるかどうかといった問題になってきます。
　その顧客との関係性の深さに応じて情報提供を行ない、顧客対応の差別化を実践するのです。

■顧客の維持・育成

顧客セグメントの上位へのランクアップをいかに行なうか？

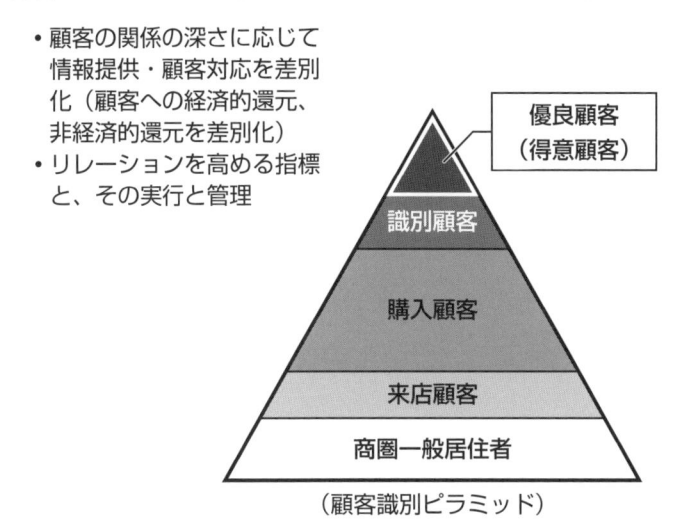

- 顧客の関係の深さに応じて情報提供・顧客対応を差別化（顧客への経済的還元、非経済的還元を差別化）
- リレーションを高める指標と、その実行と管理

ピラミッド（上から下）：
- 優良顧客（得意顧客）
- 識別顧客
- 購入顧客
- 来店顧客
- 商圏一般居住者

（顧客識別ピラミッド）

◆「顧客を維持する」とは

　フィリップ・コトラーは、『マーケティング・マネジメント』の中で、顧客を維持するために2つの手法を説いています。

①顧客満足度を定期的に調査する
　顧客には「何も言わずに買うのをやめてしまう」という特性があります。あらゆる顧客接点を通じて、日々のリレーションを維持・育成することが、「顧客の声が届きやすくなる」ということに他なりません。
　フランスの調理器具ブランドである**ル・クルーゼ**では、スマートフォンなどのデバイスを使って、毎日、実店舗で購入顧客から顧客満足度を図る指標を測定し、日々の改善に活かしています。もともとブランド力があり、顧客ロイヤルティの高い企業ですが、高い顧客ロイヤルティを維持し、さらなる市場創造につなげるには、顧客の声を常に収集することが大切だと考えているのです。
　同様の取り組みは、多くの外資系ホテルチェーンで行なわれています。
　こうした動きは、メディアにも波及しています。**gift**（**幻冬舎の子会社**）では、40代女性向けの雑誌『DRESS』のWEB上の読者会員組織「Project DRESS」で、読者に対して毎月かなりのボリュームのアンケート調査を行なっています。
　この調査結果を踏まえ、柔軟にコンテンツを編集して、雑誌としての完成度を高めています。

②苦情を迅速かつ建設的に処理し、改善を図る
　ある調査によれば、「苦情を申し立てた顧客のうち、不満が解決されれば再びその企業と取引を行なう」「すぐに解決したと感じた場合は、その確率はさらに上がる」「企業に不満を訴え、それが満足できる形で解決した場合は、顧客は企業の対応の良さを平均5人に話す」といわれています。
　「顧客満足度を調査する」のが重要なことは言わずもがなですが、「顧客が苦情を言いやすいシステムをつくる」のも、重要なことなのにおざなりになってしまいがちです。
　顧客の声を聞くためには、アンケートやフリーダイアル、電子メールなど、さまざまな方法があります。ただし、顧客の声を聞くだけで安心して

いてはいけません。苦情を迅速かつ建設的に処理しなければならないのです。

◆顧客満足度を高めるためのマーケティングツール

同じくコトラーは、『マーケティング・マネジメント』の中で、次の3つの方法を、顧客満足度を高めるためのマーケティングツールとして紹介しています。

①金銭的ベネフィットの付与

FMP（フリークエンシーマーケティングプログラム）や会員制クラブ（クラブマーケティングプログラム）などによる顧客の維持です。

これらは、概念的には商品・サービスの利用に応じてポイントが蓄積され、それに応じたさまざまな特典をインセンティブとして還元しているものです。

顧客は経済的・非経済的な還元を受ける一方で、企業は顧客の購買履歴を分析し、商品・サービスの品揃えや価格設定などを見直すことに活用します。

定量的に顧客のロイヤルティが図れる仕組みといった考え方もできるでしょう。

たとえば、航空会社やホテルが代表的な事例です。

②社会的ベネフィットの付与

顧客コミュニティが形成されるステージになる企業は、熱狂的なファンがいることも1つの特徴です。そのコミュニティに属していること自体が誇りなのです。

たとえば、ハーレーダビッドソンやポルシェ、アップルなどが挙げられます。

③構造的結びつきの付与

企業が顧客に注文、在庫の管理に役立つ構造的な仕組みを提供することで、関係性を強化するものです。

たとえば、オフィスビルの配送文書管理センターを宅配業者が代行する

サービスが挙げられます。顧客のオフィスにターミナルを置き、顧客の時間と金銭を節約することで、構造的な結びつきを付与し、関係性を強化しています。

4-9 優先すべき優良顧客への対応策

優良顧客には、一般客と区別した手厚い対応が必要です。企業にもたらす収益性が圧倒的に高い優良顧客に対して、限られたリソースを割くべきです。

◆優良顧客への手厚い対応とは

優良顧客への手厚い対応の中には、いくつかの方法論があります。ここでは5つの方法を挙げてみました。

①迅速かつ優先的な対応（専用のチャネルを用意）

「お客様相談窓口」に電話をかけたことは、皆さん一度はあると思いますが、その際に随分待たされた経験はないでしょうか。

最近では、度が過ぎるほど待たせるような場合は、SNSなどで批判されるようになっています。リソースもかかる分野なので、差別化による対応を実施してもよいでしょう。つまり、**優良な顧客に対しては専用のチャネルを用意する**のです。

クレジットカード会社でよく見られる対応ですが、ゴールドカードやプラチナカード、ブラックカードなど、年会費として数万円から数十万円を支払うカードホルダーに対しては、専用の電話回線を用意し、問い合わせで待たせない対応を実現しています。

②担当者を同一（スタートから最後まで）にする対応

「ある特定のお客様を、特定の担当者が、あらゆる対応を行なう」ということです。顧客の差別化という点では、百貨店の外商などの顧客対応モデルがこれにあたります。

顧客の嗜好性を熟知する必要があるので、必然的に同じ担当者にしてお

くことになります。百貨店の外商担当者はさまざまな手段で、担当する顧客の要望に応えていきます。

　場合によっては、自社で扱っていない商品を別の小売店で購入して届けることも行なわれているようです。そこまでしても、優良顧客が企業にもたらす収益性は圧倒的に高いのです。

③複数の部署で顧客データを共有する対応

　通販会社では、特定の顧客から電話が入れば、瞬時にその顧客データがオペレーターの操作するコンピュータ画面に現われます。そして、オペレーターは顧客の過去の購買履歴などを閲覧しながら、電話応対を行なっています。優良顧客であればあるほど、密度の濃い対応になるのです。

④優先的な情報発信の対応

　特定の顧客だけに案内を送るなど、関係を構築して深める取り組みがいろいろ行なわれています。**シークレットセールの案内**や、**特別なクーポンの提供**などがこれにあたります。関係性の深い顧客であれば、より優先的に購買機会を提供し、さらなる購買促進につなげていきます。

⑤スキルの高い人材（営業・サービス）の対応

　識別した顧客を担当する人材の選定にあたり、よりスキルの高い人材が対応することです。

　BtoB市場においては、取扱規模に応じて、スキルの高い人材を配置するという対応を行なっています。いわゆる**「エース級の人材」を投入することで、その企業に対するロイヤルティを示している**のです。

　もちろん、ロイヤルティだけではありません。実際に取扱規模の高い企業からの多様な要望に応え、相応の結果を残していくためには、スキルの高い人材でなければ対応しきれない側面もあると思います。

　このように、優良顧客への手厚い対応は、皆さんの会社でも身近に実施されているのです。

■優良顧客を識別した、優良顧客に手厚い対応

> ①迅速かつ優先的な対応（専用のチャネルを用意）
> ②担当者を同一（スタートから最終まで）にする対応
> ③複数の部署で顧客データを共有する対応
> ④優先的な情報発信の対応
> ⑤スキルの高い人材（営業・サービス）の対応

　優良顧客への対応策は、単に割引率を上げるといった方策では効果があまり認められません。
　優良顧客自身は、その企業・ブランドに対するロイヤルティも極めて高いので、もっと特別なことを求めています。
　前述の対応策は、日々運用する中での方法ですが、特別に用意された限定商品が購入できたり、VIPだけを対象にしたパーティへ招待されたりなど、普段と違うおもてなし（対応）を行なうところもあります。

4-10 優良顧客への差別化対応の事例

> 優良顧客には優秀な営業パーソンをあてるという差別化を行なう企業や、徹底した顧客管理でCRMの構築を行なう金融機関などを例に挙げてみましょう。

◆優良顧客への差別化対応(営業接点)

B to Bでの**営業担当者**を中心とした対応窓口では、顧客セグメントに応じた差別化の対応が見られます。

Aランク(最重要)の顧客に対しては、営業担当者をはじめ、電話やメールなど、あらゆる窓口での対応を行ないます。

■優良顧客への営業リソース(人員・組織)のシフト(例)

	営業	営業サポート	事務スタッフ
最重要顧客(Aランク)	(主)👤👤 (副)👤👤	👤👤👤	👤👤👤
重要見込顧客(Bランク)	(主)👤 (副)👤	👤👤	👤👤
一般顧客(Cランク)	👤	👤	👤

[差別化対策]
- リソースの数
- リソースの質

Bランク（重要見込）の顧客は電話とメール、Cランク（一般）の顧客はメールのみなど、メリハリをつけた対応を行なっているのです。
　たとえば、OA機器などの法人営業では、AランクやBランクの顧客に対しては、お得意様専用ポータルサイトでサポートすることに加え、営業担当者が個別の対応も行ないます。一方で、Cランクの顧客に対しては、見積もりから注文まで、すべてWEB上で実施しています。
　あるシステム関連会社では、売上規模に応じた営業パーソンの質的な配置を行なって差別化しています。具体的には「**優良顧客には優秀な営業パーソンをあてる**」といったものです。
　また、旧来からの慣習的な側面も高いのですが、社長訪問や中元・歳暮対策を行なう企業の選定も、商談金額に応じた差別化の一種でしょう。
　これらはほんの一例ですが、いずれもわかりやすく差別化を実施しています。
　優良顧客の定義の反映は、このような形でも実現されるのです。

◆優良顧客への差別化対応（サービスサポート）

　B to Cにおける**コールセンター（コンタクトセンター）**でも、差別化対応が行なわれます。
　たとえば、PCの故障や調子が悪いといった状況に陥った場合、皆さんもPCメーカーのコールセンターに連絡すると思います。ここでも差別化は実現されています。
　受付する時間の幅、電話のつながりやすさや解決までのプロセスなどが考えられます。
　仮にPCが故障したとして、優良顧客であれば、高いスキルを持ったエンジニアが訪問・修理を行ないますが、収益性の低い顧客であれば、郵送などで現物を送る（センドバック対応）というような事例があります。
　応対窓口チャネルそのものの種類が異なる場合も存在します。

■サービスサポートにおける差別化対応（例）

	対応窓口	対応
最重要顧客 （Aランク）	フルラインの顧客接点 ・つながりやすい電話受付 　→エキスパートによる対応 ・VIP向けポータルサイト 　など	・高いスキルのエンジニアを優先的に担当させて、訪問・修理 ・1時間以内の訪問
重要見込顧客 （Bランク）	・IVR（音声自動応答） 　→派遣オペレーター ・一般顧客ポータルサイト	・社員もしくは外注による訪問・修理 ・半日以内の訪問
一般顧客 （Cランク）		・2日以内の訪問 ・センドバック対応

[差別化対策]
リソースの数
リソースの質
優先的な対応

◆LTVによる優良顧客の定義

　2000年代の初めの頃より、これまでの企業向けも個人向けも取り扱う総合金融機関から脱皮し、リテール特化戦略を進めたある地方銀行では、「銀行はサービス業」という考え方を早くから採用し、ユーザビリティにこだわった施策や接客対応を次々に導入してきました。

　この地方銀行にとっての優良顧客は、メインバンクとして扱ってくれる顧客（給与振込や自動振込）の中から**「30代後半の住宅ローンを組む顧客」**と特定し、**LTV（顧客生涯価値）**を座標軸に置きました。この背景にはインターネットの普及があり、大手都市銀行との差別化の観点からの生き残り施策としての取り組みでした。

　これを実現させるために、徹底した顧客管理を実現するためのCRMシステムの構築を行なったのです。結果として、現在では住宅ローンの取扱件数が他行と比べて極めて高い状況にあります。

　この事例は、ターゲットを明確にすることで、優先すべき顧客を特定し、そのターゲットに対する徹底したアプローチを行なう望ましい取り組みといえるでしょう。

4-11 顧客参加型の商品開発

> 高い顧客エンゲージメントを維持・発展させていくことで、顧客との関係性はさらに強化されます。そのうえで、「顧客の声」を活かす取り組みが功を奏します。

◆顧客エンゲージメントを高める

　かつては、「顧客の声に耳を傾けていては、イノベーションは生まれない」といわれてきました。一般的な消費者は、現存する商品・サービスの域を出ることはなく、結果としてさまざまな意見に振り回され、対応に手間がかかることでリソースが足りなくなり、本来注力すべきことがおろそかになってしまうという考え方だったのです。

　しかし、現代の市場環境を踏まえれば、顧客と企業の関係も大きく変化しています。「顧客からの学び」を活かすためにも、顧客が企業・ブランドの"世界観"に共感してもらうことが重要です。

　企業は顧客とのあらゆる接点を通じて、ブランドの世界観を表現した商品・サービス、情報（コンテンツ）を提供します。顧客は企業との接点からブランドの世界観を理解、共感し、購買行動とともに強い結びつきを感じ、感情的な愛着を持つことで、**顧客エンゲージメント**は高まります。

◆顧客の声の活かし方

　前述の『DRESS』は40代前後の女性（アラフォー世代）をターゲットにした雑誌ですが、雑誌の枠を超えたコミュニティを形成しています。その1つに「DRESS部活」があります。

　この「DRESS部活」は、『DRESS』が提言する「ライフスタイルが充実して、自立した女性」の活躍の場を提供する趣旨で展開しているコミュ

ニティで、アラフォー女性はそれぞれ好きな活動（部活と称している）に参加しています。

　企業も協賛して、商品開発のヒントを探るべく、部活のメンバーたちの忌憚のない声に耳を傾けています。

　ターゲットが重複するサービスを提供する企業・ブランドが、非常に有効な機会として採用するケースが増えてきています。

　顧客の声に耳を傾けて、顧客を理解し、関係性を深めることで、ビジネスとして好循環を生み出していこうという動きはますます活発化するでしょう。

4-12
CRMの事例①
再春館製薬所

第4章 顧客接点を持ち、顧客を維持・育成する

「お客様を第一に考える」という企業姿勢において、再春館製薬所ほど際立ったカラーを打ち出している会社はないかもしれません。

◆CRMの模範的事例

> 　まるで個人商店のように、お客さまお一人お一人のご様子を伺いたい。そしてお一人お一人のお悩みに最適な解決方法をご提案し、最高の満足をお届けすることで、人生を楽しんでいただきたい。そんな思いから私たちは、自分たちの工場でつくった製品を直接お客様にお届けする「メーカー直販」「テレマーケティング」という独自のシステムを貫きます。
>
> 　お客様との末永いお付合いをめざす私たちにとって何よりも大切なもの、それは心からの信頼をいただくことです。信頼は一朝一夕には生まれません。正直な行いの積み重ねによってのみ得られるものです。だから私たちは、常に率直に誠実に、お客様とともに歩みます。
>
> （再春館製薬所ホームページより）

　熊本に本拠を置く化粧品メーカーの**再春館製薬所**は、CRMの模範的事例として有名です。

　「お客様を第一に考える」という企業スタンスが、ホームページ記載の会社案内からも見て取れます。

◆大きな個人商店

　CRMビジョンとしては、ホームページにも書かれているとおり、"大きな個人商店"を目指しています。これは、一人ひとりのお客様に満足を感じてもらうことを重視するという姿勢なのでしょう。

　取り扱っている商品は、大きなくくりでいえば、「単品通販モデル」なので、リピート購入が大きなカギを握ります。したがって、顧客の維持・育成が極めて重要なビジネスモデルです。

　過去に行き過ぎたアウトバウンド（企業側から電話を発信すること）による苦情問題を抱えた経緯があるので、方針を転換し、顧客満足のため、「ありたい姿」を共有し、「まず人として」「お客様になりきって行動する」といったことを実践しています。

◆全種類購入してくれる顧客

　優良顧客の定義としては、いわゆるRFM的視点は当然押さえつつも、企業独自の指標の視点では、「ラインで全種類購入してくれる顧客」などが挙げられます。

　さまざまな業界でいえることですが、同一商品を徹底して購入するよりも、さまざまな商品を多岐にわたって購入する顧客のほうが、そのブランドへのロイヤルティが高いのです。

◆あらゆる段階で顧客識別

　顧客リレーションについては、徹底したダイレクトマーケティングを展開しています。コールセンターに配属されているオペレーターを「お客様プリーザー」（正社員）と称し、事業の真ん中に据えています。

　ワンフロアによる本社オフィスの大半を、このお客様プリーザーが占めているといいます。

　このコールセンターは、「アウトバウンド偏重型」から「アフターフォロー重視型」に変更されてから、大半がインバウンド（お客様からかかってくる電話を受ける）になっています。

　店舗販売を実施せず、コールセンターを営業チャネルの根幹に据える営

業方針です。

■再春館製薬所の顧客接点の設計管理と情報活用

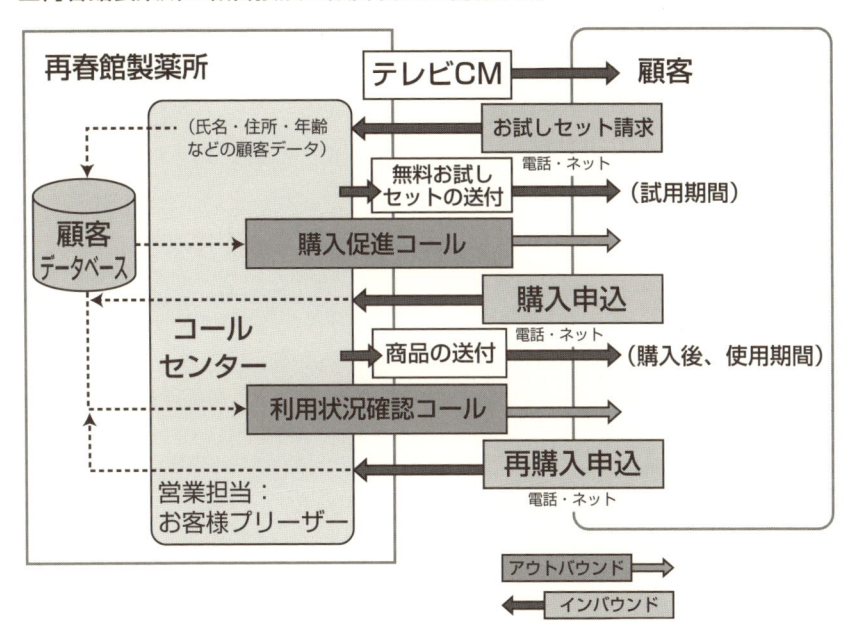

```
再春館製薬所                    テレビCM ──────→ 顧客
                                お試しセット請求 ←──
     (氏名・住所・年齢
      などの顧客データ)  無料お試し      電話・ネット
                       セットの送付 ──→ (試用期間)
   顧客
 データベース       購入促進コール ──────→
                                 購入申込 ←──
   コール                              電話・ネット
  センター      商品の送付 ──→ (購入後、使用期間)
               利用状況確認コール ──────→
                                 再購入申込 ←──
   営業担当：                          電話・ネット
  お客様プリーザー
```

アウトバウンド ──→
←── インバウンド

　仕組みとしては、テレビCMを中心にインバウンドで受け付け、まずは「無料お試しセット」を送付します。一定期間お試しいただいたうえで、アウトバウンドにより、お客様と接触して、正式な購入を促すというものです。
　このアウトバウンドでも一方的な売り込みではなく、顧客の立場に立ったコンサル営業を心がけています。
　これらのフローは、見込顧客を醸成し、購入の可能性のある顧客を的確に選別したうえで、セールスを行なうというものです。あらゆる段階で顧客の識別を行なっているといえます。
　顧客リレーションとしてのチャネルの機能分担は、商品・企業の認知の段階ではテレビ、新聞、雑誌、WEBなどのマス広告が中心です。そのマス広告をフックにし、無料お試しセットの送付以降は、コールセンターでの接客が中心になっています。

◆確かな情報の還流

　施策の視点では、顧客の購入タイミングを捉えたアウトバウンドなども挙げられます。効果が上げられる適切なタイミングにコンタクトすることがカギを握るといえます。

　「初めてのお客様」「1年未満のお客様」「1年以上のお客様」など、顧客の利用状況に応じてお客様プリーザーの選択（インバウンドの着信選択）を行なうという専門別対応を実践しています。

　それゆえに、顧客接点であるお客様プリーザーの接客能力の向上に向けた施策や研修を実施しています。また、お客様プリーザーが日々向き合っているPCの画面にも工夫が盛り込まれています。たとえば、顧客と会話が進むような情報が表示され、追加情報を書き込める設計にもなっており、情報の還流がきちんと行なわれています。

◆蓄積したデータをきめ細かく分析

　顧客データの収集や分析については、初期の基本情報（住所・氏名・年齢など）、接客を通じた会話情報（肌情報など）をデータとして蓄積しています。

　その活用については、商品の購買履歴や肌状況からのおすすめ商品の分析など、きめの細かい分析を行なっており、離反防止や再購入促進などに役立てています。

◆「幸福列車の永遠走行」

　再春館製薬所において、CRMのタスクに関わっているメンバーは、顧客と接する担当者（お客様プリーザー）、データ分析担当者、トレーナー（お客様プリーザーを支える人）、その他支援部隊（接客繁忙時の後方社員の動員）などが挙げられるでしょう。

　このメンバーの中でも、とりわけ顧客と接するお客様プリーザーを重視しており、人事も経理も、その他の部署も、皆バックアップする体制を構築しています。

　後方社員、社外関係先も、顧客満足を実現する1つの組織という発想で

「幸福列車の永遠走行」と称し、CRMを実践しているのです。

◆評価と課題

これらを踏まえ、再春館製薬所のCRMの取り組みについて評価できる点、課題と思われる点をまとめると、下記のようになります。

> **評価できる点**
> - 押し売りではない（顧客視点に立っている"大きな個人商店"を目指しているという姿勢）
> - リピート通販モデルに特化（全体最適を図っている）
> - 細かい顧客データの収集、運用面で活用（CSレベルの均一化）
>
> **課題と思われる点**
> - 市場ニーズの変化への対応
> - 既存顧客を重視しすぎる懸念、新規顧客の獲得のむずかしさ
> - ターゲットが偏っている（中高年女性が中心⇒市場縮小）
> - コールセンターの人件費（⇒WEBへのシフト）
> - テレビCMが中心であるため、新規顧客の獲得コストがかかる
> - コンサル営業が中心となるため、WEBにシフトしにくい

4-13
CRMの事例②
ザ・リッツ・カールトン

高級ホテル、ザ・リッツ・カールトンのサービスの高さと定評は世界的なものです。その評判を生み出す徹底的な顧客管理の秘訣を紹介しましょう。

◆感動を呼ぶサービス

　ラグジュアリーホテルの雄である**ザ・リッツ・カールトン**は、あらゆる顧客との接点を記録し、共有し、次回の顧客接点に活かす仕組みを全世界レベルで実現しています。
　顧客の望む形で、望まれるサービスを提供するからこそ、「感動を呼ぶサービス」が生まれるのです。
　ザ・リッツ・カールトンの顧客接点の中心は、従業員（フロント、ベルボーイ、客室担当など）にあります。
　ホテル空間は、豪華かつ清潔であり、徹底した客室管理を行なっています。そこまでは、ラグジュアリーホテルであれば当然です。
　ザ・リッツ・カールトンの最大の特徴は、従業員の「顧客の特性に合わせたサービス展開」です。

◆あらゆる顧客の行動を記録

　有名な話ですが、ザ・リッツ・カールトンでは顧客にタイミングよくサービスを実践するために、従業員に対して権限委譲が行なわれています。
　1つ目は、**上司の判断を仰がず、自分の判断で行動できること**。2つ目は**セクションを越えて仕事を手伝うときは、通常業務から離れることができる**こと。3つ目は1日に2000米ドルまでの決裁権限を持っていることです。

こうした権限委譲が行なわれているために、普通の企業なら少し躊躇(ちゅうちょ)するようなことでも、思い切った判断ができるのです。
　たとえば、結婚記念日など、特別な日を迎えるお客様にシャンパンをプレゼントするといったようなことです（もちろん、それにふさわしい理由があってのことですが）。
　また、「徹底した顧客管理」も特徴の1つです。顧客のプロフィールや利用履歴はもちろん、趣味・嗜好なども詳細に記録されています。
　その方法として、すべての従業員が顧客との応答履歴を書き留めるための"メモ"を所持しており、チェックインからチェックアウトに至るまで、あらゆる顧客の行動を記録しているのです（123ページ参照）。
　そのために、館内には最低限の案内板しか置かれていません。これは、より多くの顧客接点をつくるためなのです。
　記録されたメモのうち、今後のサービス提供に役立つ情報は選別され、一元管理され、全世界のザ・リッツ・カールトンで共有されるのです。

■顧客ニーズの収集と集約、共有

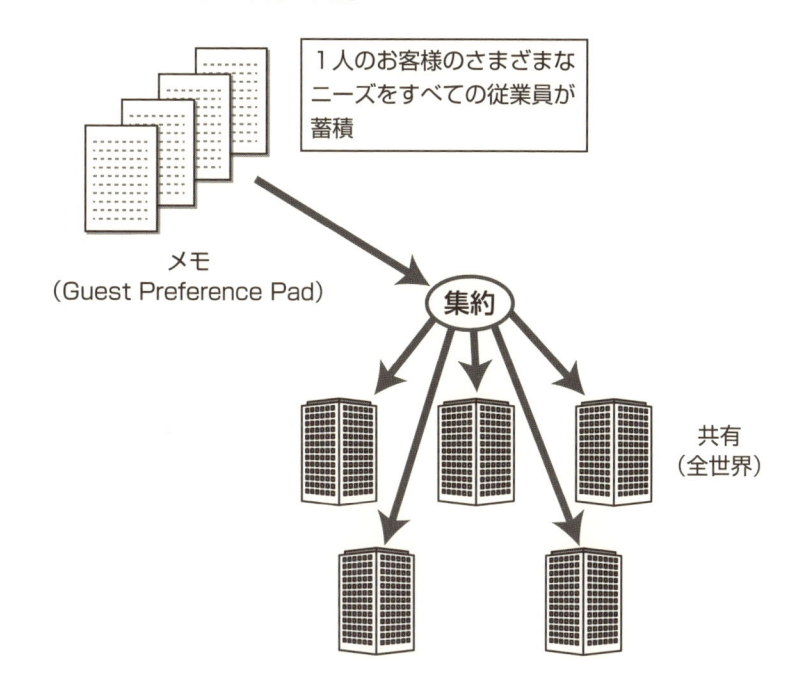

メモ
(Guest Preference Pad)

1人のお客様のさまざまなニーズをすべての従業員が蓄積

集約

共有
（全世界）

第 **5** 章

顧客データの収集・管理から分析・活用まで

5-1 収集すべき顧客データの種類

カスタマーカードへの記入内容、会員プログラムの登録内容、コールセンターへの問い合わせ履歴、WEB上のアンケート調査などから顧客データを収集し、顧客データベースを作成します。

◆定量データ

顧客データは大きく分けて2種類あり、**定量データ**と**定性データ**に分けられます。

顧客データ（顧客情報）と**購買データ（顧客購買履歴）**は定量データに該当します。

●顧客データ（顧客情報）

いわゆる顧客の属性情報です。たとえば、次のような個人を特定することができる情報です。

- 氏名
- 住所
- 電話番号（および携帯電話番号）
- メールアドレス
- 生年月日（年齢）
- 家族構成
- 勤務先
- 学歴
- 職歴
- 年収（および世帯年収）

その他、**趣味や嗜好性**なども、これに該当します。

 収集方法

　主要項目については、何らかの会員登録サービスの登録フォーム（紙やWEBなど）に記入・入力してもらうことが考えられます。

　また、**コールセンターへの問い合わせ履歴**も、情報を深化させることにつながります。そのため、単に電話応対を行なうだけではなく、履歴を管理し、情報を還流させることを意識したコールセンターとすべきです。

　かつては郵送がメインでしたが、Eメールの普及に伴い、**WEB上のアンケート調査**も、顧客データを取得する有効な方法です。

　顧客ではない人からの資料請求や問い合わせなども、見込顧客データとして、データベース化ができます。そうした見込顧客のデータベースを活用して、新商品の案内を送るといったプロモーション活動に活かすことができるようになります。

　第4章で紹介した**再春館製薬所**では、「無料お試しキット」を送ることで、優良見込顧客データを収集していることになります。

　「生年月日（年齢）」のようなセンシティブな情報は、収集しがたい側面もあります。あるアパレル企業では、そうした場合に店舗のスタッフが顧客の容姿や口調などから総合的に判断し、推定年齢を5年刻みなどで管理しています。

● **購買データ（顧客購買履歴）**

　顧客がどのような購買行動をとったか。実際には「いつ」「どこで」「誰が」「何を」「いくらで」「どれだけ」「どのように」といった購入時点の状況を示す情報です。その累積が、優良顧客の定義につながります。

 収集方法

　実店舗であれば、POSレジからのデータ収集、オンライン店であれば、WEBからのデータ収集が一般的です。

　顧客データに紐づけられない購買データでも、販売スタッフの推測をベースに、顧客の年齢や性別などをデータとして残しておくことで、顧客データとの連動を疑似的に行なうことになります。

　POSシステムや顧客管理システムの導入は、コスト負担がそれなりに多

くなってくるので、必要に応じて検討することになります。
　システム化が大事なのではなく、「どのような情報を取得し、活用すべきか？」を検討することが重要です。

●インターネットデータ
　前述の顧客データ、購買データの両方に関係する情報です。ほとんどのB to C企業が設置しているインターネットホームページに対する顧客（潜在的な見込顧客を含む）のアクセスログが中心になります。
　「どの情報を経由して来訪したか？」「どのような画面遷移を行なったか？」「滞在時間や、どのページで離脱したか？」などの顧客行動が把握できるのが最大の特徴といえます。
　また、「ユーザーが何を検索しているか？」を把握することで、購買傾向を分析することにもつながります。

（収集方法）
　Google AnalyticsなどのWEBサイト分析ツールなどが挙げられます。

■定量データ

> ■顧客データ（顧客情報）
> ・取得情報：顧客の属性情報（氏名、住所、年齢、家族構成、年収など）
> ・取得方法：会員登録（用紙記入、WEBなど）、コールセンター、アンケート調査など
> ※資料請求や問い合わせ履歴をデータベース化することで見込顧客もデータ化できる。
>
> ■購買データ（顧客購買履歴）
> ・取得情報：購買履歴（いつ、どこで、誰が、何を、いくらで、どれだけ、どのように）、購入時点の状況など
> ・取得方法：WEB、POSシステム、独自システムなど
>
> ■インターネットデータ
> ・取得情報：（潜在的な見込顧客を含めた）顧客（会員）のアクセスログ、画面遷移、離脱状況といった行動履歴など
> ・取得方法：WEBサイト分析ツールなど

◆定性データ

いわゆるVOC（Voice of Customer：**顧客の声**）に代表される大量のテキスト（文章表現）データが定性データに該当します。

●テキスト（文章表現）データ

情報の種類としては、問い合わせ、要望、苦情、感想など、あらゆる顧客からの声になります。SNS上に広がる潜在的な見込顧客の声も対象と考えれば、その数は膨大になります。

〔収集方法〕

取得方法としては、店舗来店顧客の場合には、出口調査やアンケート（紙媒体、モバイルなど）を実施し、その来店顧客の声を収集します。

「お客様相談窓口」などのコールセンター（電話・メール・手紙など）でのオペレーターによる応答記録を集積させることも、こちらに分類されます。

SNSに広がる潜在顧客の声は膨大なので、見極めることがカギを握ります。上手に活用することで、トレンドも予測することが可能です。

■定性データ

> ■ テキスト（文章表現）データ
> ・取得情報：顧客の問い合わせ、要望、苦情、感想などのあらゆる顧客の声
> ・取得方法：
>   ①店舗来店顧客：出口調査、アンケート（紙媒体、モバイルなど）
>   ②コンタクトセンター（電話・メール・手紙など）
>   ③SNS（ソーシャルメディア）

いずれのチャネルも登録（会員）顧客との紐づけが可能になれば、より精緻な分析に役立つデータになります。

5-2 ソーシャルリスニングは顧客データの宝庫

各種SNSに寄せられる潜在顧客の声に耳を傾けることが「ソーシャルリスニング」です。いまや企業のマーケティング活動にとって欠かせない要素になっています。

◆ソーシャルリスニングとは

　TwitterやFacebook、各種ブログなどのソーシャルメディア（SNS）に寄せられる消費者の声は年々増え続けており、その信頼度も徐々に高まってきています。こうした潜在顧客の声に耳を傾けることを**ソーシャルリスニング**といいます。

　企業のマーケティング活動において、ソーシャルリスニングはいまや必須の要素になっています。プロモーション施策の反響や効果の検証、顧客ニーズの把握、競合調査などにも一役買っているのです。

　リスクモニタリングの一環として、風評リスクや品質問題の監視などにソーシャルリスニングを活用する企業も増えてきています。

　最近では、選挙の当落や株式市場の予想にも活用されています。

◆SNSデータの分析から活用へ

　SNSデータは、TwitterやFacebookなどから取得するわけですが、一般ユーザーには一覧はできても、分析に活用できるデータとして生成することはむずかしい状況です。

　そこで、SNS各社が公開しているAPI（アプリケーションプログラミングインターフェース）などを活用し、システムをプログラムする必要があります。こうしたプログラムは、ASP（アプリケーションサービス事業者）によって提供されています。

◆実際の企業活動への組み込み

　あるアパレル通販会社では、初の自社テレビCMの展開にあたって、ソーシャルリスニングによる競合テレビCM評価分析を実施しました。

　一定期間、Twitterのデータ（ツイート）を収集・分析した結果、「品切れ」に関するネガティブコメントが多く寄せられていました。

　そして、競合テレビCMのクリエイティブに対する**センチメント分析**（ポジティブ・ネガティブ判定）の結果を、テレビCMのクリエイティブ表現の骨子に反映することにしました。

　ある化粧品会社では、新商品のキャンペーンを実施する際、ソーシャルリスニングによるキャンペーン効果測定を実施しました。

　興味深いことに、売上高とTwitterの投稿量に一定の相関が見られました。考えてみれば、手に取られている商品は、それだけ口の端にのぼりやすいということです。

　また、Twitterのツイートを分析した結果、「サンプル配布方法」や「店舗での案内方法」に改善点があることが判明したため、店舗運営部と連携をとることにしました。

　こうした事例は、さまざまな企業で見られます。

　ブログは、比較的じっくりと書き込まれるので、ポジティブな投稿が多くなる傾向があります。一方、Twitter（140文字まで）などのミニブログは、「瞬間的なスナップショット」という趣が強く、ネガティブな投稿も散見されます。

　ソーシャルリスニングを実施する場合は、両者を使い分けることも大きなポイントです。

■SNS種類別・投稿内容

　　ブログ　➡　じっくりと書き込まれる傾向
　　　　　　　　　→ポジティブな投稿が多い

　　Twitter（ミニブログ）　➡　瞬間的なスナップショット的な
　　　　　　　　　　　　　　　投稿が多い
　　　　　　　　　　　　　　　　→ネガティブな内容も散見される

5-3
顧客データを管理するうえで重要なポイント

顧客の購買履歴や購買行動を分析し、商品・サービスの開発に活かすためには、「さまざまな顧客データをどのように管理していくのか？」を考える必要があります。

◆顧客情報のデータベース化

顧客データを管理するために必要なこととしては、次のようなものが挙げられます。

①データベースの設置場所

設置場所といっても、物理的なスペースということではありません。顧客データのボリューム（量）にもよりますが、数千件までのレベルの段階では、エクセルなどの表計算ソフトで十分です。

もちろん、顧客データが大きくなることを前提に、**クラウドサービス**を利用することも考えられます。

数百万件にのぼる顧客データであれば、自社のシステムで管理したほうが、コスト面や独自性の観点などを考慮すると適切です。

②データベースの設計

基本的には、「いつ」「どこで」「誰が」「何を」「いくらで」「どれだけ」「どのように」購入したかがデータベースの主軸になります。そこに、企業独自の情報項目を加えていきます。

顧客データは、名前や住所など、個人を特定できるキーを中心にデータを統合します。多くのケースで、会員番号やメールアドレスなどをユニークなキーにしています。

③POSデータの統合

スーパーマーケットやCVSなどでよく目にするPOSレジは、文字どおり、商品の販売情報を記録し、在庫管理やマーケティングの素材データとして活用することがメインです。しかし、この購買データを顧客データと紐づけることができれば、顧客分析の深化につながるのです。

大手のスーパーマーケットでも、購買データと顧客データが紐づけられているケースは多くないといわれています。まだまだ開拓の余地がある領域です。

CVSなどでは、『Ponta』や『Tポイント』といった外部運営事業者が展開している共通ポイントサービスを導入しているケースが見られます。実際の顧客行動を分析し、新商品の開発などに活かしています。

④インターネットデータの統合

ログインによる会員専用ページなどでのアクセスログを分析し、過去の購買履歴や購買傾向を分析することでおすすめ商品などを提案する「レコメンドエンジン」が、**インターネットデータ**と顧客データの統合で成功している事例です。

Amazonがその代表格でしょう。インターネットの世界の優位性が現われています。

顧客の購買行動がどんどんインターネット化しているので、実店舗中心の企業でも、注力して取り組んでいくべき領域です。

■データベース化のステップ

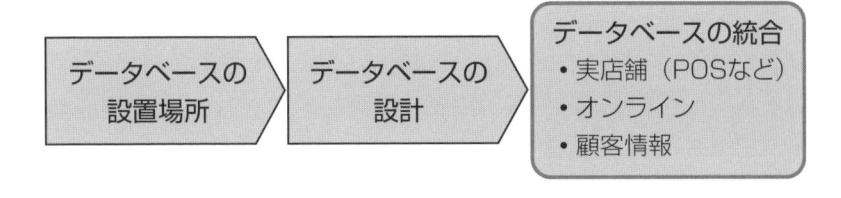

```
データベースの     →    データベースの    →    データベースの統合
設置場所                設計                  ・実店舗（POSなど）
                                              ・オンライン
                                              ・顧客情報
```

5-4 個人情報の取り扱いはどうすればいい？

個人情報漏えい問題が頻発するいま、個人情報の管理については社会的な関心も高まり、厳格な取り扱いがますます求められるようになっています。

◆リスクが大きい個人情報の活用

　2014年7月、**ベネッセホールディングス（以下、ベネッセ）の個人情報**漏えい問題は、個人情報を取り扱う多くの企業に影響を及ぼしました。ベネッセはもちろんのこと、事件の大々的な報道によって、多くの企業が個人情報の取り扱いについて見直しを迫られました。外部委託をしている場合は、相当の確認作業を行なわなければならなくなったのです。

　通販会社では、顧客データの管理体制の見直しを急ぎ、顧客管理システムの変更の検討や、顧客データにアクセスする社員の監視強化にもつながっています。

　一方で、こうした事故が起こるたびに、「個人情報の活用はリスクが大きい」として、企業が及び腰になってしまうことは否めない事実でしょう。

　2013年、**JR東日本**が、ICカード「Suica」の乗降履歴を日立製作所に販売し、大きな反発を受けた出来事も記憶に新しいところです。こうした出来事の背景には、**日本には匿名の個人情報の取扱いについて「どのように利用することができるか」という明確なルールがない**ことが挙げられます。

◆広がる商業利用の可能性

　膨大な個人情報、いわゆる**ビッグデータ**の商業利用への可能性は、新商品開発や広告に活かすなど、無限に広がっています。今後、顧客データの分析を通じた市場開拓はどんどん進展していくはずです。ユーザー企業に

とっても、消費者にとっても、個人情報を安全に活用するための仕組みが必要です。

政府は個人情報を匿名化し、第三者に転売する際は消費者の同意がなくても可能にするよう、法改正を検討しています。もちろん、消費者からも利用状況を理解しやすくするために、サービス約款を簡単にするなどして、監査機関で審査するとしています。審査に合格することで「認証マーク」を取得し、お墨付きを得るといった取り組みから、商業利用を積極的に促すのが狙いです。

米国では商業利用に積極的です。インターネット関連企業が、個人情報を活用した事業展開を後押ししています。2012年に発表した法案では、個別に事前の同意を求めなくてもいい代わりに、消費者が求めれば利用を停止することを義務づけています。

しかし、EUでは事前の同意を取りつけることを義務化しています。お国柄を反映した異なる対応ですが、経済の覇権を左右する重要な意思決定になるかもしれません。

■今後の個人情報の商業利用（イメージ）

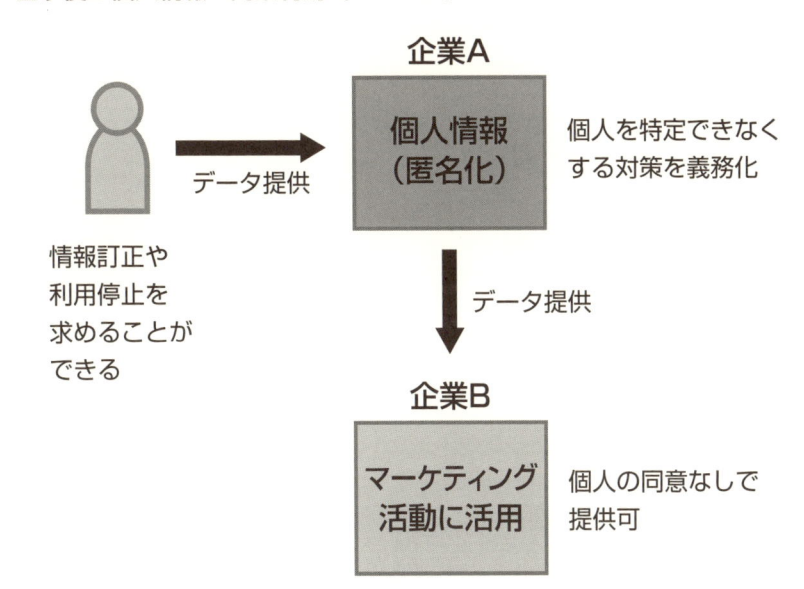

```
                    企業A
  [人物]  データ提供  ┌─────────┐
   →→→→→→→→→→→→ │  個人情報  │  個人を特定できなく
                    │  （匿名化）│  する対策を義務化
  情報訂正や         └─────────┘
  利用停止を              │
  求めることが      データ提供
  できる                 ↓
                    企業B
                    ┌─────────┐
                    │マーケティング│ 個人の同意なしで
                    │活動に活用  │ 提供可
                    └─────────┘
```

第5章 顧客データの収集・管理から分析・活用まで

5-5 データ分析と活用のイメージ

顧客データを分析し、活用することで、顧客の育成と維持を図るだけでなく、本当に大切な顧客にアプローチすることが可能になります。

◆カギは顧客の育成と維持

顧客データの活用においては、いかに顧客の囲い込みにつなげられるかが重要な視点です。その意味で、顧客の効率的・効果的な育成・維持がカギを握ることになります。

(1)新規顧客の獲得

見込顧客の中から、優良顧客になる可能性の高い顧客を見つけ出し、新規顧客の獲得を目指します。

フラッシュマーケティングや割引施策など、実施しなくてもよい施策を実施している企業も多いようです。それで一時的には顧客が増えるかもしれませんが、企業にとって本当に有益な顧客といえるのでしょうか。各社のお得なキャンペーンだけに反応する顧客は、必要な顧客と考えるべきではないのかもしれません。

第4章で紹介した**再春館製薬所**では、いきなり商品を販売することをせずに、「無料お試しセット」の申し込みから、さらに継続するかどうかというコミュニケーションをとっています。手間がかかりますが、顧客を維持・育成するためには、本当に大切にすべき顧客だけにアプローチしていくことも、有益な手法になります。

優良顧客を維持し、拡大する活動を通じて、優良顧客となり得る具体的な顧客像が見えてきます。その優良顧客になりやすい顧客に対してアプローチすることで、効率的なマーケティング展開が図れるようになります。

■データ分析と活用（全体イメージ）

```
←――― データ（顧客・購買）分析 ―――→
```

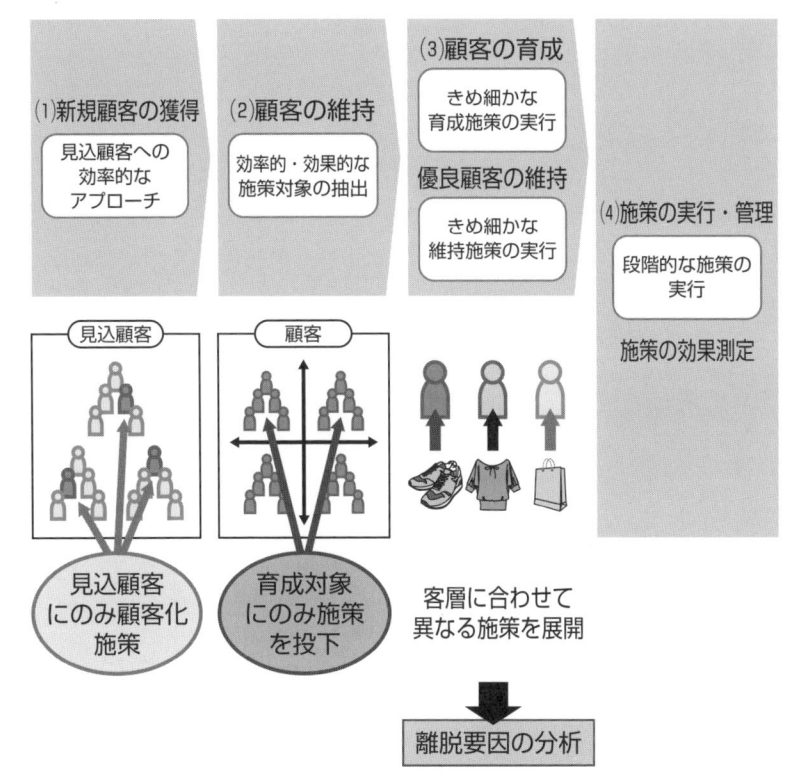

(1)新規顧客の獲得
　見込顧客への効率的なアプローチ

(2)顧客の維持
　効率的・効果的な施策対象の抽出

(3)顧客の育成
　きめ細かな育成施策の実行
　優良顧客の維持
　きめ細かな維持施策の実行

(4)施策の実行・管理
　段階的な施策の実行
　施策の効果測定

見込顧客 → 見込顧客にのみ顧客化施策
顧客 → 育成対象にのみ施策を投下
客層に合わせて異なる施策を展開
↓
離脱要因の分析

　CRMを導入する企業の新規顧客へのアプローチは、導入していない企業とはまったく異なるものになります。

(2)顧客の維持

　データベース化された顧客のうち、分析によって、コストをかけるべき育成対象顧客を見つけ出し、効率的・効果的な施策の実行を管理していきます。ここでは、**RFM分析**（100ページ参照）などを活用します。
　あるアパレル企業の場合、全顧客の2年間の購入金額を比較した結果、上位10％の顧客と下位10％の顧客では、実に70倍以上の開きがありました。
　下位10％の顧客10人が離反しても、上位10％の顧客（優良顧客）1人を維持したほうが、売上は断然高いという結果になったのです。

⑶**顧客の育成と優良顧客の維持**

　各種の分析によって、購入動機や購買傾向を踏まえ、顧客の識別を実現し、各顧客層に合わせたきめ細かな育成・維持の施策を展開します。

　顧客の購入動機はさまざまです。顧客の属性と購買履歴から、購入動機を推定できる顧客層に分類し、顧客層ごとに育成・維持施策を実施することが重要になります。

⑷**施策の実行・管理と効果測定**

　マスマーケティング戦略の効果測定は、効果の解釈を含め、難易度が高いものです。

　しかし、CRM戦略における効果測定は、解釈が容易です。それぞれの施策を顧客単位で分析することができるので、きめ細かな管理により、PDCAサイクルがつくりやすいのです。

5-6
データ分析と活用のプロセス

> 蓄積した顧客データベースの中から「優良会員」になった顧客に共通の特徴を見出すことで、多くのヒントが得られます。

◆顧客育成に効率的な施策を

　新規顧客の獲得に関しては、見込顧客への効率的なアプローチを実現すべきです。顧客を来店に勧誘するにあたって、できるだけ優良顧客化が期待できる顧客を見つけることが重要です。

　顧客の維持の段階では、効率的・効果的な施策対象の抽出がカギになります。多くの小売店では、年に一度しか買わない顧客が大半を占めています。全顧客が優良な顧客に育つわけではありません。

　顧客の育成の可能性を見極め、効率的な維持施策を実施することが重要になります。これを実現するために、顧客の育成指標を明確にし、各顧客の過去・現在のポジションを把握することで、育成の可能性を見分けていきます。

　顧客の育成においては、きめ細かな育成施策を実行することが重要ですが、そのための顧客データの活用の方向性としては、顧客の属性や購買履歴から、類似している顧客をグルーピングすることで、顧客層を嗜好性などから分類することが挙げられます。

　優良顧客の維持についても同様に、きめ細かな維持施策の実行が重要です。優良顧客には現在のポジションを維持しようという動機づけを提供するために、優良会員というステータスに見合ったインセンティブを提供することが重要になります。

　それには、どのようなインセンティブが動機づけになるのかを見極める必要があります。

■データ分析と活用（プロセスと方向性）

プロセス	狙い	データ活用の方向性
新規顧客の獲得 見込顧客への効率的なアプローチ	来店に勧誘するにあたっては、なるべく**優良顧客化が期待できる顧客を見つけること**が重要。	優良顧客になった顧客に共通的な特徴は何かを導き出すことで、多くのヒントが得られる。
顧客の維持 効率的・効果的な施策対象の抽出	多くの小売店では、年に1度しか買わない顧客が大半を占める。全顧客が優良会員に育つわけではない。**顧客の育成の可能性を見極め、効率的な維持施策を実施すること**が重要。	顧客の育成指標を明確にし、各顧客の過去・現在のポジションを把握することで、育成の可能性を見極めることができる。
顧客の育成 きめ細かな育成施策の実行	顧客の購入動機はさまざま。**顧客の属性と購買履歴から、購入動機を推定できる客層に分類し、顧客層ごとに、きめ細かな育成施策を実施すること**が重要。	顧客の属性や購買履歴から、類似している顧客をグルーピングすることで、顧客層を嗜好性などから分類することができる。
優良顧客の維持 きめ細かな維持施策の実行	優良顧客には、現在のポジションを維持しようという動機づけを提供するために、**優良会員というステータスに見合ったインセンティブを提供すること**が重要。どのようなインセンティブが動機づけになるのかを見極める必要がある。	

5-7
データ分析の方法と実例

> 新規顧客を獲得しても、その後、顧客データの収集や正確な分析を怠れば、顧客は育つことなく、いずれは離反していきます。そのためにも、データ分析は大切です。

◆各プロセスにおける分析方法

　新規顧客の獲得から、顧客の維持、顧客の育成・優良顧客の維持、離反原因の把握まで、各プロセスにおけるデータ分析の方法を以下に述べていきます。

(1)新規顧客の獲得

　優良顧客のすべてが最初から優良顧客だったわけではありません。
　たとえば、アパレル企業の場合、新規顧客として初めて顧客になったときには、Tシャツ1枚を購入しただけかもしれません。
　同じTシャツを購入して顧客になった人のうち、優良化した人と、優良化しなかった人では何が違うのでしょうか。
　優良顧客の特徴を把握することで、効率的に見込顧客にアクセスする手段のヒントを得ることができます。
　次ページの図表を見てください。初回の購入金額に違いがあったようです。
　この場合は、たとえば「××円以上購入した人にだけ、**会員加入の案内をする**」というアイデアが考えられます。
　また、アンケートなどの結果、趣味に違いが現われれば、特定の趣味の雑誌やWEBサイトに広告を掲載することなどが考えられます。

■各プロセスにおける分析方法（新規顧客の獲得）

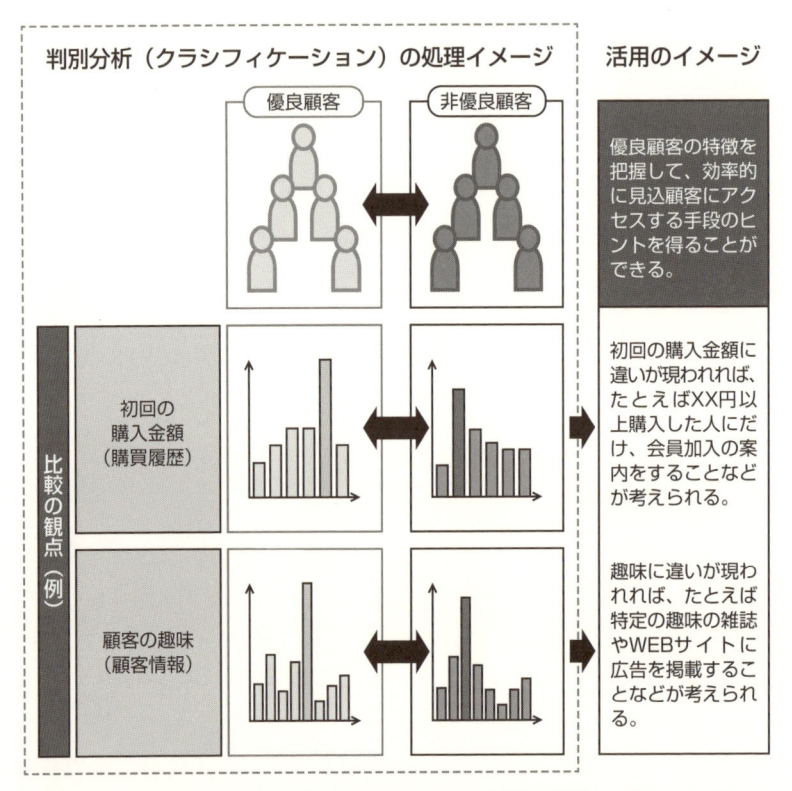

判別分析（クラシフィケーション）の処理イメージ

	優良顧客	非優良顧客	活用のイメージ
			優良顧客の特徴を把握して、効率的に見込顧客にアクセスする手段のヒントを得ることができる。
比較の観点（例）	初回の購入金額（購買履歴）		初回の購入金額に違いが現われれば、たとえばXX円以上購入した人にだけ、会員加入の案内をすることなどが考えられる。
	顧客の趣味（顧客情報）		趣味に違いが現われれば、たとえば特定の趣味の雑誌やWEBサイトに広告を掲載することなどが考えられる。

上記の比較の観点(例)は、あくまで事例であり、初回の購入アイテムや数量、アンケートの回答内容などに違いが現われることも考えられる。さまざまな分析を行なった結果、違いに有意性が見られる要因を導き出していくことが必要になる。

　こうした違いを調べる分析を**判別分析（クラシフィケーション）**と呼びます。**決定木（ディシジョンツリー）分析**などがこれに当てはまります。
　この決定木分析は、ある事象に対して、影響の強い要因を順に視覚化する分析手法です。主に、商品を購入してもらうのに重要な要素や、継続する・しないに最も強く影響する要素を探す場合に活用します。

■決定木（ディシジョンツリー）分析

（例）顧客が継続的に購入する状況に影響の強い要因を把握する

影響要因候補
1. カテゴリA購入金額
2. カテゴリB購入金額
3. カテゴリC購入金額
4. 初回購入数量
5. 初月内購入回数
6. カテゴリA購入比率
7. カテゴリB購入比率
8. カテゴリC購入比率
　　　　：

継続状況の影響要因を検証する為に、ある企業の購買データベースを分析対象とし、決定木分析を行った結果を表示したもの。

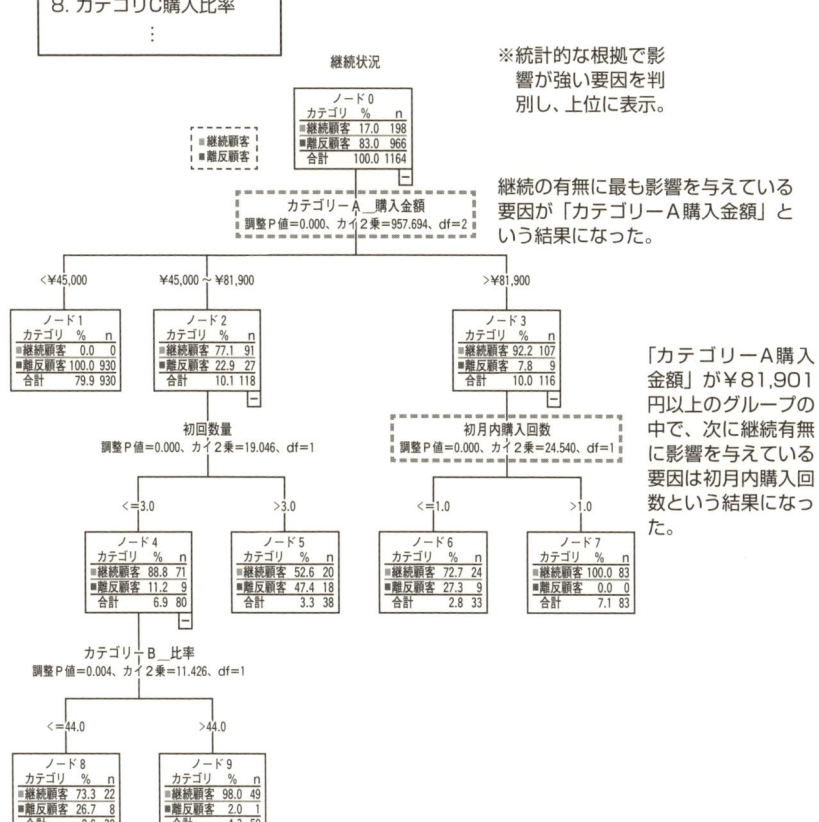

※統計的な根拠で影響が強い要因を判別し、上位に表示。

継続状況
ノード 0
カテゴリ	%	n
継続顧客	17.0	198
離反顧客	83.0	966
合計	100.0	1164

カテゴリーA＿購入金額
調整P値=0.000、カイ2乗=957.694、df=2

継続の有無に最も影響を与えている要因が「カテゴリーA購入金額」という結果になった。

＜¥45,000　　　　¥45,000～¥81,900　　　　＞¥81,900

ノード 1
カテゴリ	%	n
継続顧客	0.0	0
離反顧客	100.0	930
合計	79.9	930

ノード 2
カテゴリ	%	n
継続顧客	77.1	91
離反顧客	22.9	27
合計	10.1	118

ノード 3
カテゴリ	%	n
継続顧客	92.2	107
離反顧客	7.8	9
合計	10.0	116

「カテゴリーA購入金額」が¥81,901円以上のグループの中で、次に継続有無に影響を与えている要因は初月内購入回数という結果になった。

初回数量
調整P値=0.000、カイ2乗=19.046、df=1

初月内購入回数
調整P値=0.000、カイ2乗=24.540、df=1

＜＝3.0　　　　＞3.0　　　　　　　　＜＝1.0　　　　＞1.0

ノード 4
カテゴリ	%	n
継続顧客	88.8	71
離反顧客	11.2	9
合計	6.9	80

ノード 5
カテゴリ	%	n
継続顧客	52.6	20
離反顧客	47.4	18
合計	3.3	38

ノード 6
カテゴリ	%	n
継続顧客	72.7	24
離反顧客	27.3	9
合計	2.8	33

ノード 7
カテゴリ	%	n
継続顧客	100.0	83
離反顧客	0.0	0
合計	7.1	83

カテゴリーB＿比率
調整P値=0.004、カイ2乗=11.426、df=1

＜＝44.0　　　　＞44.0

ノード 8
カテゴリ	%	n
継続顧客	73.3	22
離反顧客	26.7	8
合計	2.6	30

ノード 9
カテゴリ	%	n
継続顧客	98.0	49
離反顧客	2.0	1
合計	4.3	50

（数値は解説のための参考値）

第5章　顧客データの収集・管理から分析・活用まで

(2) 顧客の維持

　顧客に対する施策の実施可否を判断するために、顧客をRFMといった育成指標でランク付けすることを行ないます。

　優良顧客の定義を明確にし、コストをかけるべき顧客を見極めることで、リソースを適切に配分することが可能になります。

■各プロセスにおける分析方法（顧客の維持）

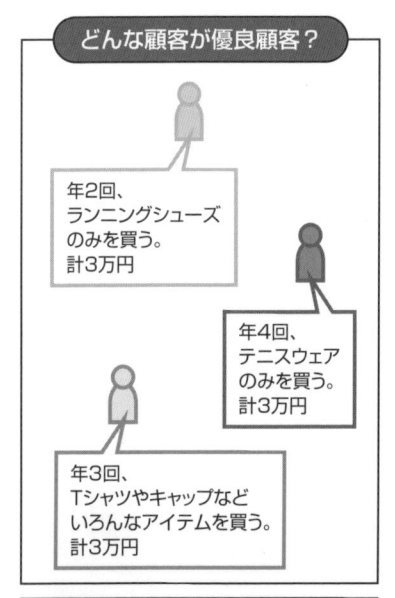

どんな顧客が優良顧客？

- 年2回、ランニングシューズのみを買う。計3万円
- 年4回、テニスウェアのみを買う。計3万円
- 年3回、Tシャツやキャップなどいろんなアイテムを買う。計3万円

「うちの会社のファンだったら、どのような買い方をするだろうか？」という視点で考えると、たとえば購入アイテム数が多岐にわたればわたるほど、「優良顧客」と考えることができる。

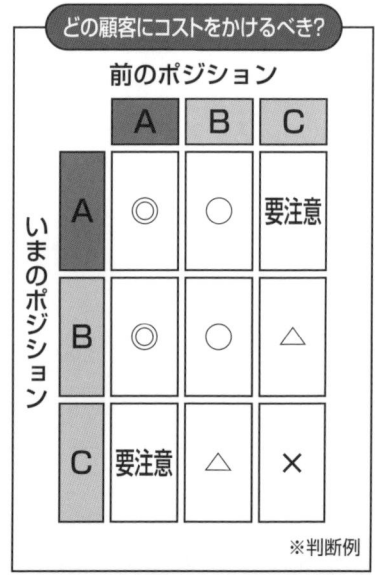

どの顧客にコストをかけるべき？

	前のポジション A	B	C
いまのポジション A	◎	○	要注意
いまのポジション B	◎	○	△
いまのポジション C	要注意	△	×

※判断例

ランクAからBに落ちてしまった顧客については、優良顧客への呼び戻し施策を行なうべきであるなど、どの顧客に積極的にコストを投入すべきか、反対に不要であるかを判断することができる。

(3) 顧客の育成・優良顧客の維持

　顧客が企業・ブランドに求めているものは、さまざまです。たとえば、スポーツメーカーであれば、「トレーニングアイテムとして」「ファッションアイテムとして」などです。

　顧客の育成にあたっても、顧客の嗜好性を把握したうえで、個々の顧客が興味を持つ商品を案内することで、購買意欲を効果的に刺激することができるのです。

■各プロセスにおける分析方法（顧客の育成・優良顧客の維持）

事例：スポーツメーカー

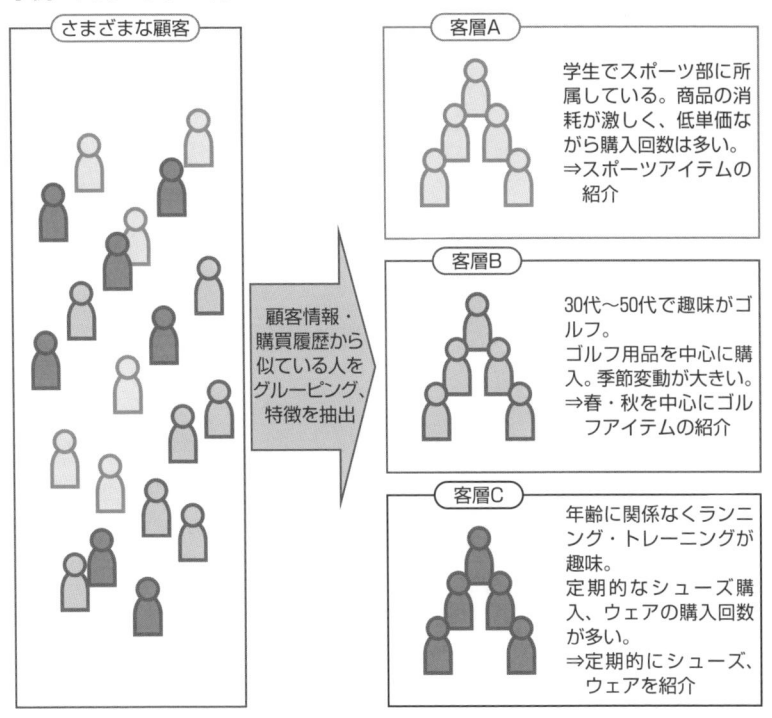

```
さまざまな顧客  →（顧客情報・購買履歴から似ている人をグルーピング、特徴を抽出）→

客層A：学生でスポーツ部に所属している。商品の消耗が激しく、低単価ながら購入回数は多い。
⇒スポーツアイテムの紹介

客層B：30代～50代で趣味がゴルフ。ゴルフ用品を中心に購入。季節変動が大きい。
⇒春・秋を中心にゴルフアイテムの紹介

客層C：年齢に関係なくランニング・トレーニングが趣味。定期的なシューズ購入、ウェアの購入回数が多い。
⇒定期的にシューズ、ウェアを紹介
```

　分析手法としては、**クラスター分析**を活用します（次ページ図表参照）。クラスター分析は、異なる性質のものが混在している集団の中から、お互いに似ているものを集めて集落（クラスター）をつくり、集団を分類しようという方法の総称です。

　このクラスター分析を活用することで、顧客の嗜好性による分類（客層化）が可能になります。

　優良顧客向けの特典には、オリジナルグッズのプレゼント、ボーナスポイントの進呈、ポイント付与率のアップ、各種イベントへの招待などが考えられます。

　嗜好性による客層化から、どのようなインセンティブが喜ばれるかを推測することができます。

■クラスター分析

	クラスタ1	クラスタ2	クラスタ3	クラスタ4	クラスタ5
対象者人数	1,800	1,700	1,700	1,000	1,100
製品A	79.0%	8.4%	57.0%	54.2%	75.6%
製品B	71.0%	29.4%	31.8%	62.5%	39.8%
製品C	67.7%	70.8%	3.2%	60.6%	28.8%
製品D	94.0%	88.9%	92.2%	89.4%	62.4%
製品E	7.8%	2.1%	5.2%	3.3%	1.4%
製品F	95.4%	88.2%	86.9%	29.6%	89.7%
製品G	87.8%	85.5%	87.3%	19.6%	72.1%
製品H	95.2%	89.7%	88.7%	94.6%	14.0%
製品I	90.1%	32.1%	90.7%	68.1%	25.0%
製品J	99.7%	97.3%	97.6%	97.3%	91.6%

（数値は解説のための参考値）

(4) 離反原因の把握

「定期的」に満足度調査を実施している場合、顧客の離反原因を把握できる可能性があります。

「新規顧客の獲得」で活用した判別分析を用いて、離反した顧客と離反していない顧客の満足度の違いを見つけることができます。

離反後に行なうアンケート調査では、正しい回答が得られないことが多いため、離反前のくすぶっている状態のデータを活用することがポイントになります。

図表は、離反顧客と維持顧客において品揃えに関して有意差があるという結果になっています。このことから、**「離反顧客は欲しい商品が品切れを起こしていたことにたびたび不満を感じていた」**ということが推測できます。

■各プロセスにおける分析方法（離反原因の把握）

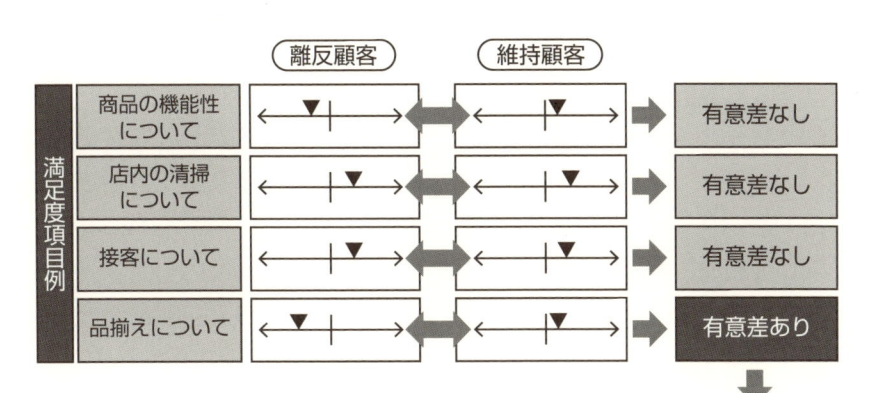

満足度項目例	離反顧客	維持顧客	
商品の機能性について	← ▼ →	← ▼ →	有意差なし
店内の清掃について	← ▼ →	← ▼ →	有意差なし
接客について	← ▼ →	← ▼ →	有意差なし
品揃えについて	← ▼ →	← ▼ →	有意差あり

離反顧客が欲しい商品が品切れを起こしていたことにたびたび不満を感じていたことが推測できる。

5-8

CRMの事例③
集英社『FLAG SHOP』

効果的なリピート対策やアンケート調査への取り組みで、業界最大手を狙えるような段階まできた集英社の『FLAG SHOP』。そのポイントを解説します。

◆これまでのWEBマーケティング施策

　データ分析の結果、重点的に取り組むべき課題を「**リピート対策**」と据えた**集英社**の公式ファッション通販サイト『**FLAG SHOP**』ですが、それまでは売上規模と会員顧客数のボリュームから、ターゲットを絞ることなく、常に全会員顧客に対する施策を実施していました。

　ある調査によれば、通販業界全体の市場規模は2008年度の4兆1400億円から2012年度の5兆4100億円と、年平均成長率約7％で推移しており、過去5年間の経済環境を踏まえれば、堅調な伸びを示しているといえます。

　こうした環境が後押しする中で、『FLAG SHOP』では、「リスティング広告」をテコにしたクーポン配布によるWEBマーケティング施策を展開してきました。一方で、やらなくてもいい割引施策を展開していた事実も、データ分析によって明らかになりました。そこで、ターゲットを絞った施策を実行することに舵を切りました。

◆リピートのタイミングを分析

　リピート対策を検討するにあたり、まずは同一顧客が2回目に購入するまでの経過日を調査しました。

　「2回目購入経過日」で**ヒストグラム（度数分布図）**を描いたところ、最頻値は0日でした。

　これは、同日内に再購入しているユーザーが多いという結果です。同日

購入は買い忘れなどの可能性があるので、リピート購入とは言い切れません。そのため、データ分析上、正しい結果になりにくく、同日の再購入を除外することにしました。

再購入に至りやすいタイミング（リピートタイミング）が明らかになり、「約1か月後のアプローチ」を施策として検討することにしたのです。

■リピートタイミングのヒストグラム（イメージ）

2回目購入経過日

初回購入後のボリュームゾーン

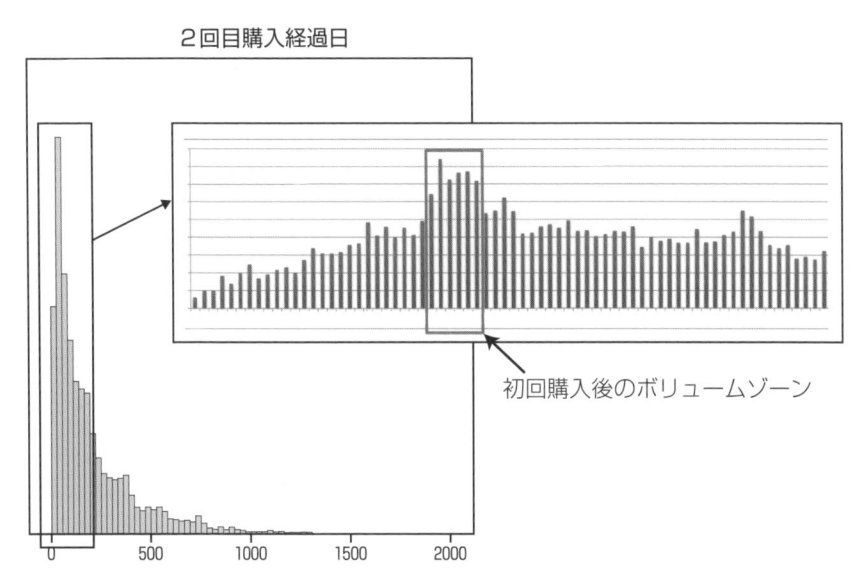

図表は、リピートの状況を分布で見ているもの。一定の期間にボリュームがあることがわかる。

（数値は解説のための参考値）

次に、分析したデータが「買い回り状況」でした。2回目購入を促す際の訴求すべき素材を検討するためです。初回に購入している顧客が2回目に購入する場合に、どのような商品を購入しているのかを分析することで、顧客の購買履歴に応じたアプローチが可能になります。

■買い回り状況

初回購入商品×2回目購入商品

全体		2回目購入商品群A	2回目購入商品群B	2回目購入商品群C	2回目購入商品群D	2回目購入商品群E	2回目購入商品群F	2回目購入商品群G	2回目購入商品群H	2回目購入商品群I	2回目購入商品群J	2回目購入商品群K	2回目購入商品群L	2回目購入商品群M	2回目購入商品群N	2回目購入商品群O	合計
S初回購入	初回購入商品群A	193	266	172	189	14	1	53	99	99	101	8	57	13	285	1,571
	初回購入商品群B	284	827	406	555	33	0	1	134	249	252	201	11	152	29	1,009	4,143
	初回購入商品群C	157	401	375	283	27	0	0	89	135	166	122	11	95	36	533	2,430
	初回購入商品群D	199	613	326	657	27	0	0	110	185	208	181	12	129	32	863	3,542
	初回購入商品群E	6	21	7	13	6	0	0	5	10	9	11	0	2	5	18	106
	初回購入商品群F	0	0	0	0	0	0	0	0	0	0	0	0	0	0	0	2
	初回購入商品群G	1	0	0	0	0	0	15	0	0	0	0	0	0	2	22	40
	初回購入商品群H	68	114	60	78	8	1	1	128	67	52	80	3	36	21	214	970
	初回購入商品群I	109	273	149	182	17	1	2	57	291	131	118	11	77	30	305	1,861
	初回購入商品群J	94	231	158	162	14	0	3	50	118	242	75	6	75	31	382	1,617
	初回購入商品群K	90	223	135	158	15	0	1	76	106	74	184	8	55	19	334	1,480
	初回購入商品群L	2	14	9	4	1	0	0	5	6	10	6	49	5	22	15	156
	初回購入商品群M	56	176	108	96	10	0	0	25	63	64	50	6	105	14	197	968
	初回購入商品群N	7	29	11	15	0	0	0	11	18	19	7	15	4	67	28	240
	初回購入商品群O	566	1,790	956	1,384	81	0	50	438	759	771	553	147	434	250	14,943	23,122
	合計	1,831	4,998	2,872	3,808	266	2	74	1,199	2,111	2,093	1,684	295	1,208	567	19,240	42,248

2回目は初回と同類の商品が購入されやすい傾向にある。初回購入商品に限らず、商品群Bは2回目に購入されやすい傾向にある。

(数値は解説のための参考値)

◆施策展開でリピート率が向上

　以上の結果から、ターゲット顧客へのアプローチ施策として、初回購入者へのアプローチを購入経過日により3つ（初回購入30日後・45日後・60日後）に区分し、さらにクーポン割引の効果性を確認するためにオファーする金額も変更し、各月で実践しました。

■施策立案事例

4月の初回購入者：5000人（例）

4月の初回購入者を、非アプローチを含め、7つのセグメント（タイプ1～タイプ7）に分け、各セグメントの成果を比較する。メールでアプローチができないユーザーを優先して、非アプローチリストにする。

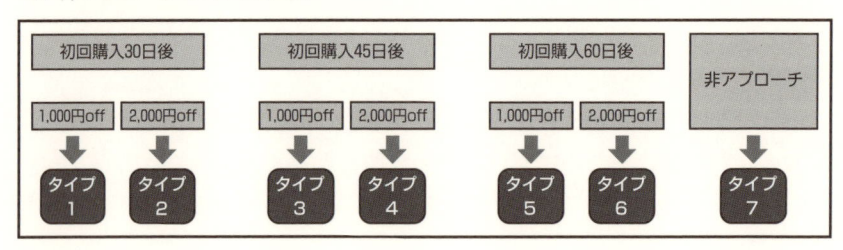

初回購入30日後		初回購入45日後		初回購入60日後		非アプローチ
1,000円off	2,000円off	1,000円off	2,000円off	1,000円off	2,000円off	
↓	↓	↓	↓	↓	↓	↓
タイプ1	タイプ2	タイプ3	タイプ4	タイプ5	タイプ6	タイプ7

(数値は解説のための参考値)

こうした施策のPDCAサイクルを回すことで、実際にリピート率は6か月後までに112％の伸びを示しました。現在も『FLAG SHOP』は順調に売上拡大を続けており、業界平均を上回る成長率で伸びています。

◆会員への満足度調査を有効活用

　『FLAG SHOP』は半年に一度の頻度で、会員顧客に対して満足度調査を実施しています。このアンケート調査結果を踏まえ、顧客からの指摘事項から課題性を抽出して改善計画の骨子とする活動を行なっています。

　顧客満足度アンケート調査結果は、購買履歴とも照合させ、顧客全体の回答からの要望と、優良顧客群の回答からの要望を分けて捉えています。

　調査結果では、ボリュームの大きな要望に目がいってしまいがちですが、本当に大切にすべき顧客は別の観点での要望を挙げていることもあります。こうした読み誤りを防ぐことも、顧客データと購買データがきちんと紐づけられることにより実現できるのです。

　『FLAG SHOP』では、こうしたつぶさなアンケート分析結果から、優良顧客を維持するための施策を検討しました。

　一般的な施策事例として、優良顧客の売上向上と離反防止の両面から考えるとよいでしょう。

■優良顧客の囲い込み施策の検討

一定期間に利用した優良顧客（会員）に対して、インセンティブ（特典）を提供するマーケティング施策

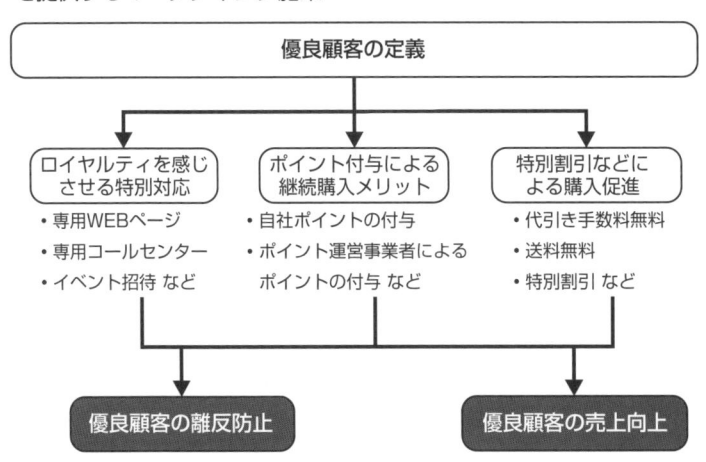

```
                    優良顧客の定義
        ┌──────────────┼──────────────┐
ロイヤルティを感じ    ポイント付与による    特別割引などに
させる特別対応      継続購入メリット      よる購入促進
・専用WEBページ     ・自社ポイントの付与   ・代引き手数料無料
・専用コールセンター  ・ポイント運営事業者による ・送料無料
・イベント招待 など    ポイントの付与 など   ・特別割引 など

    優良顧客の離反防止           優良顧客の売上向上
```

第5章　顧客データの収集・管理から分析・活用まで

たとえば、**ロイヤルティを感じさせる特別対応**として、専用のWEBページやコールセンターの設置、特別なイベントへの招待などが考えられます。

また、**継続購入メリット**として、自社ポイントや、ポイント運営事業者によるポイントの付与があります。

さらに、即効性の高い**特別割引**などによる**購入促進**では、各種手数料や送料の無料化、割引率アップもよく実践されています。

『FLAG SHOP』では、定点的な顧客調査から、優良顧客の囲い込みスキームを構築するとともに、半期に一度の定点観測で改善状況を確認し、さらなる改善施策に取り組んでいます。

顧客調査を開始した当初は、顧客の声の大半が通販サイト自体のユーザビリティの向上に関するものでしたが、直近の調査結果では、ユーザビリティに対しては満足しているものの、品揃えや在庫切れなどの問題に指摘が集まりました。

通販サイト自体に対する期待値が、基本的な要件から実際に買い物をする場として活用している中での要望にシフトしてきているという、成長の跡が見えたのです。

実際に、『FLAG SHOP』が優良顧客と定義している顧客群は、人数と売上の両面において確実に増えてきています。

■優良顧客の売上割合

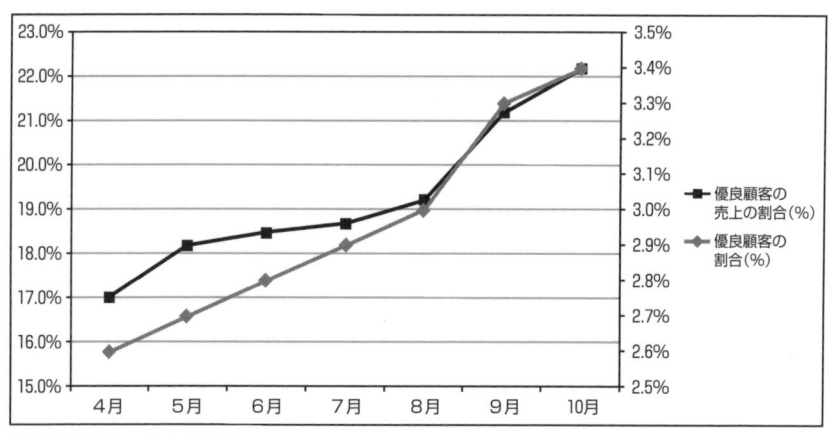

(数値は解説のための参考値)

『FLAG SHOP』ではこの取り組みをさらに進め、品揃えの質的・量的の側面からの拡大により、業界最大手を狙えるような段階まで来ているのです。

　業界動向に照らして考えれば、かつてのようにシーズンを先行して衣料品を購入するという消費者購買行動は少なくなってきています。実際の季節の移り変わりによって、タイミングよく着る商品を購入するといった動きに変わってきているのです。

　『FLAG SHOP』でも、オンライン通販の特性から、台風シーズンなどにおける日販の状況はわかりやすく伸びています。近年の異常気象の中、タイミングよく必要に感じる商品を提供し続けていくことも、大きなポイントになってくるでしょう。

5-9
CRMの事例④
松屋銀座『ジ・オフィス』

顧客に優越感を与える「コンシェルジュサービス」で、優良顧客を確実に確保する戦略を展開している松屋銀座を例に挙げてみましょう。

◆優良顧客を確実に確保する戦略

東京・銀座にある百貨店・**松屋銀座**は、特定のセグメント内の顧客を取り込む戦略として、その顧客の購買特性を考慮した売場・商品を提供するコンシェルジュサービス『ジ・オフィス』を展開しています。

その顧客は、「大手企業部課長クラス、年収800万円以上の女性」です。

購入金額などの基準は持っておらず、3年間利用がないと見直し、5年間利用がないと離脱するという、利用頻度（RFM的概念でRecency）を基準としたプログラムです。

キャリアウーマンは忙しくてゆっくり買い物ができません。そのため、1か所でまとめて買い物を完結させられる顧客に優越感を与える装置として機能させることで、優良顧客を確実に確保する戦略を展開しているのです。

◆顔の見える関係を構築

『ジ・オフィス』のスタッフは全員女性で構成されています。相互補完的にナレッジシェアを進めることで、1人当たりの担当顧客は約500～1500人という状況です。

百貨店における新たな顧客接点としてソリューション提案を実現しているCRMプログラムといえますが、課題もいくつかあります。現状ではIT導入が進んでいないために、顧客データがシステム的に蓄積できていません。

また、スタッフも硬直的になりがちなので、組織的な運営が重要になります。『ジ・オフィス』のスタッフだけでの対応には限界があり、部門を越えた全組織での補完が必要になっています。
　会員自体のロイヤルティは醸成できており、世代を超えて、顧客本人から娘などの家族にも展開が広がってきています。顔の見える関係を構築しているので、リピートもしやすい状況です。
　会員数は増加の傾向にあり、会員の声から、売場の改装に顧客のニーズを反映させるといった成果も現われています。
　百貨店の取り組みとして、新たなキャッシュフロー捻出の可能性も見え隠れしています。徹底した顧客管理の下、顧客のニーズを汲み取り、購買のエージェント機能としてのコンサルティングサービスへの展開も大いに考えられます。

■松屋銀座『ジ・オフィス』の顧客リレーション

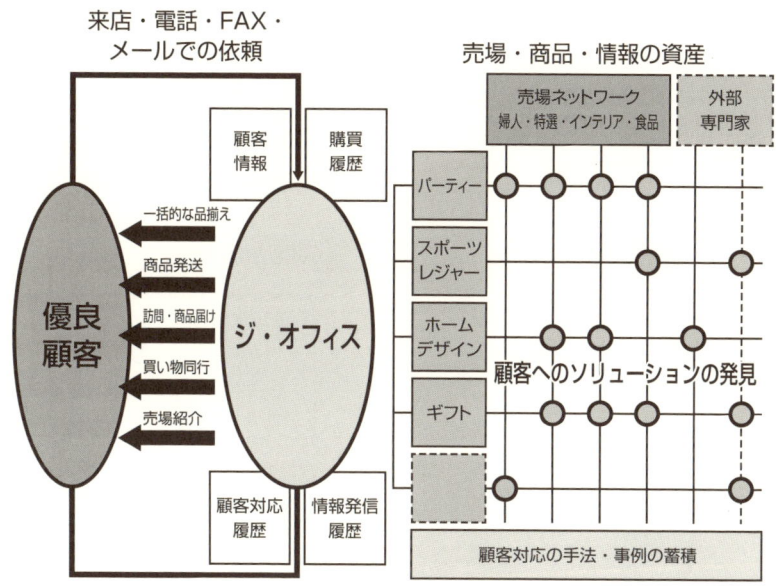

『ジ・オフィス』は、百貨店内の多様な機能を集約して優良顧客に対してカスタマイズサービスを行なう仕組みである。

出所：『顧客ロイヤルティの時代』（同文舘出版）

5-10
CRM事例⑤
日本マクドナルド

> 延べ約16億人の顧客を抱える外食産業のリーディングカンパニー・マクドナルド。最適な商品を一人ひとりに提供するためのアプローチで、業績を伸ばしてきました。

◆専用端末で割引から決済まで

ファストフード業界では、百貨店業界のような固定客よりも流動的な顧客が多いといえます。そのため、来店頻度を高めることが顧客の維持・育成につながります。

■「かざすクーポン」の仕組み

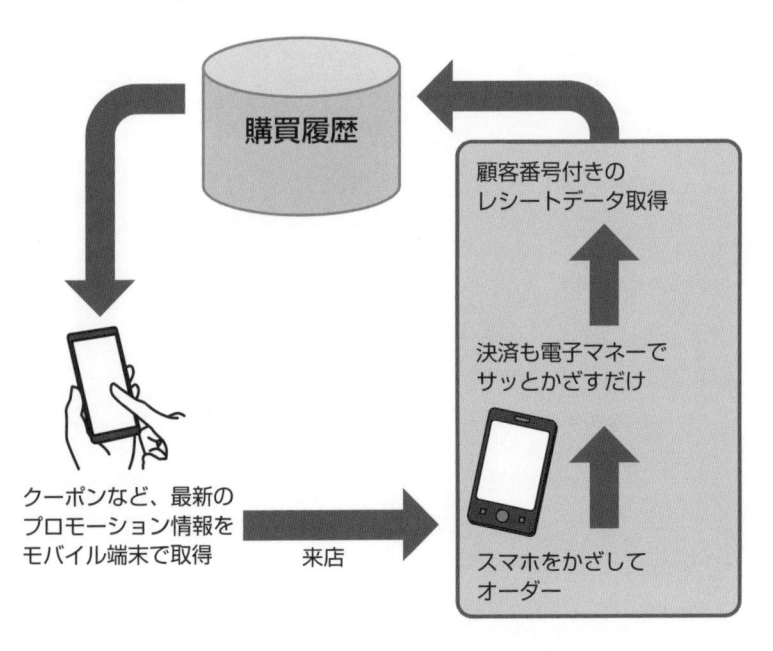

購買履歴

クーポンなど、最新のプロモーション情報をモバイル端末で取得

来店

スマホをかざしてオーダー

決済も電子マネーでサッとかざすだけ

顧客番号付きのレシートデータ取得

外食産業のリーディングカンパニー・**日本マクドナルド**（以下、マクドナルド）は、早くから携帯電話やスマートフォンなどのモバイル端末と店舗を連動させるCRMの取り組みを実施しています。

具体的には、顧客のモバイル端末に「かざすクーポン」「見せるクーポン」などの特典クーポンを配信しています。

この特典クーポンは、マクドナルドの『**トクするアプリ**』をWEBサイト（トクするケータイサイト）からダウンロードして会員登録を行なうことで、一人ひとりに届くようになっています。

顧客は、店舗での会計の際に「かざすクーポン」を専用端末にかざすだけでよいのです。また、割引だけでなく、「おサイフケータイ」により注文から決済までを一気に済ませることができます。

◆「One to Oneマーケティング」を実践

顧客がクーポンを取得するには、会員登録が必須になっています。マクドナルドでは、会員登録で得た顧客データと、店舗での購買データを分析し、来店誘導や購買履歴に応じたメニューの提案など、**One to Oneマーケティング**を実践しています。店舗での接客時間の短縮にもつながっている、好循環施策といえます。

こうしたクーポン利用時のチャネルは「店頭」です。「見せるクーポン」ではクーポン内容がPOSレジに記録され、「かざすクーポン」では顧客情報（会員番号）とクーポン内容が読み取り機から記録されます。

「かざすクーポン」の利用においては、顧客の嗜好や来店頻度といった行動記録が顧客データと紐づけられます。さらに、利用者の携帯電話やスマートフォンにも来店履歴がポイントの形で保存されるので、来店を促進できます。

◆顧客の嗜好に適したものを追究

こうしたモバイル端末を中心としたeマーケティング施策以前は、マクドナルドのコミュニケーションや来店の動機づけはテレビCMなどのマスメディアが中心でした。

広告媒体の多様化によるマスマーケティングへの限界が見えてきたこと

に対応するために、「見せるクーポン」を提供してきたのです。

　さらに、携帯電話へのおサイフケータイ（Felica）機能の搭載に伴い、読み取り機による双方向での情報のやり取りが可能になり、これまで縁遠かったOne to Oneマーケティングの展開が現実となり、「かざすクーポン」の提供に至っています。

　マクドナルドでは、客単価や来店頻度の向上が収益向上の決め手になります。「かざすクーポン」により、顧客の行動記録に即したプロモーションを実施することで、従来のマスマーケティングから脱却し、顧客をさまざまな要素でセグメント化したCRMを実現することが可能になるわけです。

　しかし、マクドナルドとしては、日々更新されている膨大な量の購買履歴などのデータベースを顧客の属性で掌握することはむずかしいと判断しています。顧客ニーズやその日の天候などによって購買行動の変化が激しいためです。

　顧客を列挙すれば、「会員になったけど使わない人」「毎月来店するけれど同じ商品を購入する人」「数か月前に新商品を購入したが、しばらく何も購入していない人」「一定期間来店していない人」など、枚挙に暇がありません。

◆約16億人の顧客を抱える

　「トクするケータイサイト会員」の導入で、利用登録時に顧客の属性情報を入手できるようになり、マクドナルドは優良顧客の識別が可能になったといえます。

　クーポンを提供することにより、「見せるクーポン」では顧客の属性の把握、「かざすクーポン」では顧客の属性と購買履歴を紐づけた把握が可能になりました。この結果、顧客を詳細に定義できていると思います。

　しかし、延べ約16億人の顧客を抱えるマクドナルドにとっては、延べ顧客数に対する優良顧客の割合は高いものではありません。今後、優良顧客の囲い込み施策をより一層推進していくことで、さらなる成長が期待できます。

◆一人ひとりにアプローチ

　マスを対象にしてきたマクドナルドが、顧客データや購買データを解析し、最適な商品を一人ひとりに提供するという業界に先駆けた先進的な取り組みは、あらゆる業種にとって参考になるものです。

　単に紙のクーポンを電子化しただけではなく、そこから顧客とのやり取りを収集、分析し、フィードバックを得るという着眼点が優れています。

　何より、モバイル端末というほとんどの消費者が所持しているデバイスをCRMの手段として利用したマクドナルドの功績は大きいといえます。

　モバイル端末をCRMの手段として利用するために、データが取りにくい年齢層（中高年齢、低年齢）へのアプローチについても、マクドナルドはさまざまな角度で取り組みを行なっています。

　モバイル端末とは離れますが、宅配サービスの『マックデリバリー』の開始は、通常は来店しない層へのサービス提供とデータ取得によるCRM展開の布石を打っていると考えられます。

5-11
CRMの事例⑥
『Tポイント』と『Ponta』

> 日本の人口の半分近い会員数を誇る2大共通ポイントプログラムが『Tカード』と『Ponta』です。両者に共通する特徴は、提携者ネットワークによるCRM体制の構築です。

◆CRM施策の共通ポイントサービス

　顧客接点の1つに**ポイントカード**があります。共通ポイントサービスは、代表的なCRM施策です。購入で提供されたポイントの蓄積を促し、顧客を継続購入に誘導していきます。

　ポイントカードの会員になることで、他の競合店で購入する際のスイッチングコスト（乗り換えコスト）を大きくし、ブランドロイヤルティを高めることにもなります。**顧客の誘引にとどまらず、いったん獲得した顧客を維持する効果が期待できる**ことに、最大の特徴があります。

　この共通ポイントサービスは、マーケティング戦略上、業界によっては**セールスプロモーション**の一種に位置づけられてきました。セールスプロモーションは、広告とは異なり、顧客行動に直接的な影響を与えるマーケティングの手段です。

　たとえば、百貨店業界では「ポイントによる割引」を主軸とし、顧客の維持につなげています。

　しかし、共通ポイントサービスをCRMツールとして有効に活用できているかどうかは、検証が必要だと思います。単なる割引機能しか役割を発揮できていない場合もあるからです。

◆顧客内シェアをいかに広げるか？

　ある調査によると、「ポイントがつくならば、多少手間がかかってもそ

の店で購入する」という割合が増えてきています。「（2000万円以上の高額所得層を除いて）世帯年収の多い層ほど、ポイントによる影響を受ける人が多くなる傾向にある」という結果も出ています。

顧客接点として共通ポイントサービスの有効性は証明されているといえますが、どのようなサービス内容かといったことも重要な要素です。

また、別の調査によれば、ポイントカードの平均所有枚数は9.9枚で、そのうち携帯枚数は6.3枚というのが実態です。人々がいかに多くのポイントカードを保持しているかということがわかります。

1人の顧客の財布の中のメインカードとして存在するためには、割引施策だけではない、さまざまな要件を備えていることが求められてきています。

ポイントカードを活用してもらい、購買履歴を重ねていただくということは、**顧客内シェア**をどれだけ広げられるかということと同義であるともいえます。

顧客内シェアをいかに広げるかが、CRMそのものであるともいえます。顧客の購入金額と来店ごとの購入単価、購入商品、来店頻度などを分析し、顧客を識別したうえで、それらを向上させるように、顧客にメリットを感じてもらえる施策、また使おうというロイヤルティを高める対策を打つことが必要になります。

共通ポイントサービスはあくまで顧客接点の1つにすぎませんが、顧客を把握し、関係性を構築するには良い仕組みです。

◆日本の人口の半分が会員

カルチュア・コンビニエンス・クラブが展開する『Tカード』、ロイヤリティ マーケティングが展開する『Ponta』が、日本の2大共通ポイントサービスです。

いずれも日本の人口の半分近い水準の会員数を誇っています。主にCVSやレンタルビデオショップを中心とした共通ポイントサービスです。

両社に共通する最大の特徴は、**提携者ネットワークによるCRM体制の構築**です。これにより、提携者同士での相互送客を実現しています。

たとえば、CVSの特定の利用客に、外食店のクーポンをレシートに印字することが可能です。こうした仕組みは、顧客の購買履歴をしっかりと分

析し、識別しているからこそ、実現できるものです。

　これを応用することで、ターゲットにしたい見込顧客層へのアプローチが可能になってきています。

　たとえば、「ガソリンスタンドでハイオクを給油する顧客は高級車に乗っている可能性が高い」ことを踏まえて施策を展開することなどが、それに該当します。特定分野の関連商品を購入する頻度の高い顧客だけにアプローチしたりなど、創意工夫により、無限の顧客識別を実現することが可能です。

　共通ポイントカードサービスも、単に導入するだけではなく、顧客を識別し、顧客との関係性を構築する取り組みと並行して実施することで、効果・効率を引き出すことができるのです。

■Ponta経済圏のCRMモデル

ポイント提携企業（業種別）	
百貨店・スーパー・CVS 通販・ネットショッピング ファッション・生活雑貨 美容	家電・コンピュータ・通信 グルメ・飲食 車・バイク・ガソリンスタンド カーサービス
金融・電子マネー 医療・保険 生活・暮らし 住まい・引越し	トラベル・宿泊 書籍・新聞・コミック エンタメ・CD・DVD スポーツ・アウトドア

中央：Point事業者（Ponta）

第6章
これからのCRM戦略

6-1
ソーシャルメディアから ソーシャルCRMへ

> 今日のマーケティングにおいて最も注目されているのがソーシャルメディアです。ソーシャルメディアの活用なくして、いまや企業のマーケティング活動は考えられません。

◆ソーシャルメディア（SNS）への関心の高まり

　ソーシャルメディアの代表格であるミニブログのサービス提供者・**Twitter**とSNSの提供者・**Facebook**が、全世界的に利用者を急増させてきた状況は、皆さんもよくご存じでしょう。

　日経リサーチの「ソーシャルメディアユーザー調査」（2013年9月）によると、**Facebook**や**LINE**は、それぞれ利用経験者が回答者の6割を超え、何らかのソーシャルメディアで週1日以上書き込みをしているユーザーは回答者の37％に達しています。

　このような中で、企業のマーケティング活動においてソーシャルメディアの活用は、最も関心の高いテーマになっています。

◆ソーシャルメディア活用への5つのアプローチ

　シャーリーン・リーとジョシュ・バーノフは、その著書『グランズウェル　ソーシャルテクノロジーによる企業戦略』（翔泳社）の中で、企業がソーシャルテクノロジーを活用し、いかにグランズウェル（大きなうねり）に向き合うかについて、5つの戦略を代表的なアプローチとして提唱しました。

　以下のフレームワークは、その後のソーシャルメディアを活用したマーケティングの展開を的確に先読みしていたといえます。

①傾聴戦略（Listening）：ソーシャルメディア上の顧客の会話を分析する

　今日、数多くの企業において、ソーシャルメディアを介して生活者一般や自社の顧客がどのように自社の商品・サービスの購入を検討し、利用しているかについて、客観的に分析する取り組みが徐々に広がっています。

②会話戦略（Talking）：顧客間の会話に参加し、インタラクション（双方向的なコミュニケーションのやりとり）を展開する

　客観的な観察だけでなく、2009年頃から登場したTwitterの企業アカウントやFacebookの企業ページにおいて、ソーシャルメディアのコミュニケーションの担当者が生活者（顧客）との会話に参加する取り組みも広がってきています。

③活性化戦略（Energizing）：熱心な顧客を応援して他の顧客の購買行動を促す

　Twitterの企業アカウントやFacebookの企業ページにおけるエバンジェリストユーザーへのフォローやコメントなどの取り組みが挙げられます。

④支援戦略（Supporting）：顧客同士の助け合いを支援する

　顧客同士の助け合いの事例は、一般的な企業ではまだそれほど多くは見受けられませんが、**アップル**の自社サイト『Apple サポートコミュニティ』がそれに近いものとして挙げられます。

⑤統合戦略（Embracing）：顧客のアイデアをビジネスに組み込む

　顧客との対話に基づいてアイデアの創造や商品化の可否の決定を行なう**ユーザー起動法**の代表例として、**良品計画**（無印良品）の『くらしの良品研究所』が挙げられます。

　顧客からの意見をもとに旅行ツアーを造成する**trippiece**や、生活者との会話に基づいてビールを開発する**サッポロビール**の『百人ビール・ラボ』など、先進的な取り組みが登場しています。

6-2
ソーシャルCRMの可能性と課題

企業はいま、顧客の間の直接的なコミュニケーションのメディアとして、ソーシャルメディアの活用を積極的に推し進めています。

◆企業におけるCRM戦略の実際

ソーシャルCRMの戦略について、前節で述べたソーシャルメディアのマーケティングへの活用におけるアプローチをベースに説明します。

①**企業の担当者が顧客と直接的なインタラクションを展開せず、顧客の発言を観察しながら洞察を深める「顧客ニーズの静的な学習」（≒傾聴戦略）**

顧客のニーズを学習するための調査手法としては、**定量調査**（例：選択式の回答を求める調査票による調査）や**定性調査**（例：フォーカスグループインタビュー）などがあります。

しかし、これらの手法において、調査の対象になる顧客が自ら商品・サービスを購入する際の検討のプロセスや決定の要因、購入後の利用の仕方などを、どこまで正確に把握できているかという批判もあります。

実際には「ちょっとしたきっかけ」が購入の決定を左右していたり、「ささいな不便さ」が満足度を左右していたりするものです。顧客がその商品・サービスの購入を検討する際に、「ちょっとしたこと」「ささいなこと」をどこまで思い出すことができるでしょうか。

あるいは、調査主体に対して、そういった「ちょっとしたこと」「ささいなこと」よりも、より合理的に説明しやすい、ストーリーに乗りやすい要因を、より決定的と回答してしまうというバイアスもあります。

より自然で日常的な状態の顧客から、自社の商品・サービスの購入を検討する場面における「声」を「聴く」ことができるソーシャルメディアは

魅力的といえます。

　私自身、こんな経験があります。2000年代の中盤、ある**化粧品会社**の新商品の発売時に、ソーシャルメディア上の顧客の発言から、その商品の特徴的な「香り」の捉え方について、意見が半分に分かれました。そこで、商品全体の評価に影響している状況を把握し、その後に展開する広告で、当初はクローズアップしていなかった「香り」に関するストーリーの要素を強化して、好意的な評価を誘導したのです。

　良品計画では、ソーシャルメディア上の「声」をもとに「無印良品」のヘキセンハウス（お菓子の家）に対する期待を特定しました。リピーターにおいては「つくる楽しさがあること」「誰かとつくれること」、未購入客においては「憧れの童話の世界観の体験があること」などです。2012年のプロモーションのコンセプトをこのように変更することで、より高い売上につなげました。

②企業の担当者が顧客と直接的なインタラクションを展開し、そのプロセスを通じて洞察を深める「顧客ニーズの動的な学習」（≒会話戦略の一部、統合戦略）

　顧客のニーズをバイアスなく把握する調査を展開するために、一般的には調査主体はできるだけ顧客に影響を与えないようにするのが原則です。

　その一方で、企業のソーシャルメディアを活用したコミュニケーションの担当者が、企業の人格を演じながら生活者（顧客）と関わることで、あたかも「友人」であるかのような関係を構築していきます。それによって、顧客から自らのニーズをよりわかりやすく企業に伝える協力や、アドバイスやアイデアを提供する支援を得られる可能性もあります。

　企業の担当者が顧客との間に親密な関係（フレンドシップ）を形成することができれば、自社の商品・サービスの開発や広告・販売促進といった活動をより顧客に適合させるための、より「筋の良い」洞察や、具体的なアイデアを得やすくなる可能性があります。

　実際に**サッポロビール**の『百人ビール・ラボ』の参加者から聞いた話ですが、他の参加者とのやりとりの楽しさとともに、この企画のファシリテーションを展開した担当者から、この企画に対する強い情熱が伝わり、親しみを感じていたといいます。

③企業の担当者が顧客と直接的なインタラクションを展開することによって、あるいは企業が顧客間のインタラクションの場を提供することによって顧客に対するサポートを提供する「顧客のサポート」(≒会話戦略の一部、支援戦略)

　ソーシャルメディアの登場によって、顧客は企業に対して「わざわざ」電話をかけたり、メールを送ったりするよりも、自ら利用場面における不満や不具合を、より心理的・物理的なハードルが低い状態でコメントを書くことができるようになりました。

　ブログの主流が従来型のものからTwitterのようなミニブログに移行するのに伴い、利用者が長い立派な文章を書かなくても、短いつぶやきをインターネット上にアップロードできるようになりました。これにより、顧客が容易に不満や不具合をコメントし、時にそのコメントが書いた顧客自身の意図を離れて多くの人々に引用され、伝播していくようになりました。その様子は、多くの企業にとって広報上のリスクになっています。

　そのブランドに愛着を持つ顧客が多い企業(**アップル**など)は、そういった顧客に他の顧客をサポートする場を提供すれば、顧客間で不満を解消したり、不具合を解決したりすることができるでしょう。

　しかし、多くの企業においては、そこまでブランドに愛着を持つ顧客を期待するのは困難です。むしろ、企業の担当者がTwitterやFacebookで自社の発言をモニタリングし、その中でサポートを求めていそうな顧客を発見し、顧客が企業にコンタクトする前に先回りしてサポートを申し出る「アクティブサポート」のほうが、顧客の不満を解消したり、不具合を解決したりします。

　そのことで、その顧客の企業に対する関係継続の意向を維持・強化します。それとともに、ネガティブな論調が伝播することで、他の顧客の関係継続の意向を損なうことも回避できるでしょう。

　KDDIは、auのカスタマーサービスにおいて、コールセンターには届きにくいTwitter上にあふれるより本音に近い顧客の疑問や不満から、潜在的な問題を発見しています。そこから直接、解決策の提示やヒアリングを実施し、それらの顧客の声をタイムリーに社内で共有化し、すみやかな業務改善につなげています。

④企業の担当者が顧客と直接的なインタラクションを展開することによって、あるいは企業が顧客間のインタラクションの場を提供することによって購買行動を促す「顧客の販売促進」(≒活性化戦略)

　Twitterの企業アカウントや、Facebookの企業ページにおいて、ソーシャルメディアにおけるコミュニケーションの担当者が企業の人格を体現しながら、顧客との会話に参加する取り組みが登場しました。

　この担当者は、**ソフトバンク**の孫正義社長のように企業の経営者自身の場合もありますが、多くは従業員が単独もしくは複数で、しばしば企業の公式的なコミュニケーションにとどまらず、パーソナルな側面を打ち出して展開しています。

　たとえば、**テーブルマーク**や**NHK**、**伊藤ハム**など、人気キャラクターのような存在のTwitterの企業アカウントも登場しました。こうしたアカウントに対して、顧客が親近感や愛着を感じることにより、顧客がその企業に対する推奨の意向を高める効果が期待できるようになってきているのです。

　ただし、そこにおける推奨は必ずしも商品・サービス自体ではなく、むしろ、そのキャラクターの所作から感じられる企業・ブランドに対する好意につながるものであることが多いのではないでしょうか。

　LINEの企業アカウントを通じたスタンプ、Twitterの企業アカウントやFacebookの企業ページにおけるエバンジェリストユーザーへのフォローやコメントなど、さらに手法が多様化してきています。

　スペイン航空が、2010年のクリスマスイブに搭乗した顧客に、バルセロナ空港に到着したときに預け荷物から乗客一人ひとりに予想外のクリスマスプレゼントを提供した『Unexpected Luggage』が話題になりました。それ自体はソーシャルメディアを活用していませんが、ソーシャルメディアを介して"組織境界者とのフレンドシップ"を体感した乗客の体験を伝播し、疑似体験を広げるしかけの成功例も出てきています。

　企業・ブランドに対する好意にとどまらず、ソーシャルメディアを活用することで、より直接的に販売促進につなげる取り組みも始まっています。従来は電子メールによって展開されてきた販促キャンペーンの告知やクーポンなどのオファーの配信が、Twitterの企業アカウント、Facebookの企業ページを介しても配信されるようになってきています。

■ソーシャルCRM戦略とアプローチ

ソーシャルCRM戦略	アプローチ			
	顧客と直接的なインタラクション	ニーズの学習	サポートの提供	購買行動の促進
①顧客ニーズの静的な学習		○		
②顧客ニーズの動的な学習	○	○		
③顧客のサポート	○		○	
④顧客の販売促進	○			○

◆DMや電子メールからソーシャルメディアへ

　ソーシャルメディアは、一般的に電子メールよりも少ない操作しか求められません。そのうえ、テレビのように自動的に更新される「タイムライン」のインターフェースを採用しているため、顧客が販売促進の告知やオファーの情報に接触する機会がより多くなってきているのです。

　また、企業にとっては、会員を退会したり、メールマガジンの購読を停止したりして、一度関係が途切れてしまった状態の顧客に対しても、再び直接的なコミュニケーションを復活する機会をつくり出せる点も注目されています。

　さらに、テレビなどのマスメディアとは異なり、**ソーシャルグラフ**（ソーシャルメディア上での人間関係）を介してリツイートやシェアなどによって伝播されることにより、企業の販売促進の告知やオファーの中で、自らの趣味・嗜好に合った情報に、さらに高い頻度で接触することも期待できます。

　そして、リツイートやシェアをする人が増えれば増えるほど、情報源になる人物が多いほど、しっかりした内容のメッセージはより説得力が強くなる効果も期待できるのです。

　企業と顧客の間の直接的なコミュニケーションのメディアとして、ソーシャルメディアは、従来型のDMや電子メールに取って代わるかもしれません。

◆ソーシャルCRMの課題

　これまで見てきたように、CRMにおいてソーシャルテクノロジーを活用することで、企業は従来のメディアを活用したCRMよりも、より効果的に顧客の関係継続の意向を高めるための新たなアプローチが可能になりました。

　その一方で、これらのアプローチを展開するにあたって大きな課題が存在します。それは何かというと、本来的には顧客が自らの友人（リアルな場での友人、ソーシャルメディアを通じて知り合った趣味や関心を同じくする人など）との間のコミュニケーションの場であるソーシャルメディアにおいて、実際の友人とは異なる側面を持つ企業が「友人」としての人格を持とうとすることに起因する課題です。

　「実際の友人とは異なる側面」とは、たとえば経済活動の文脈においては、生活者はより少ないコストで企業からより多くのベネフィットを得ること、企業はその逆、より少ないコストで生活者からより多くのベネフィットを得ることです。

　自分にとって友人でない人が友人のフリをして、突然、自分の考えを演説し始めたり、妙に馴れ馴れしく近づいてきたり、あれこれ協力や支援、推奨を求めたりしてきたら、皆さんはどう思うでしょう。「気持ち悪い」ですね。

　しかし、企業の一社員として任命される担当者は、真面目な性格で、企業のミッションに忠実であろうとするあまり、この「友人のフリをした気持ち悪い人」を自覚せずに演じてしまいます。その結果、顧客の関係継続の意向を高めることができないどころか、かえって低くしてしまう場合すらあるのです。

　このリスクを抑制するカギとなるのは、「コミュニティマネージャー」とも呼ばれる人たちの活動の巧拙です。

　たとえば、優れたコミュニティマネージャーの活動として、水越康介（首都大学東京大学院ビジネススクール准教授）らは、その論文「新しいブランドコミュニティとしてのソーシャルメディア」において、①コメントへの返信、コメントバックへの対応、Twitterによるフォローなどのソーシャルネットワーキング（コミュニティ内同質化）、②ファンの識別、複数コミュニティ、別アカウントの設置などのコミュニティエンゲージメント

（コミュニティ内異質化）、③他の活動がすべてオープンで外の人もある程度閲覧できるなどのインプレッションマネジメント（コミュニティ外活動）、④使い方の説明、ユーザー提案、自社ブランドのアピール回避などのブランド使用といったものを指摘しています。

　ただし、これらの個々の活動を的確に展開するために、まず、コミュニティマネージャーは企業の一社員としての人格にとどまらず、一個人としての人格を示していき、その人格の魅力によって顧客との相互関係を展開することが求められます。

　友人との人間関係と同じ、コミュニティマネージャーの1人の人間としての魅力が試されているのです。

6-3
企業内CRMデータと
ソーシャルCRMデータの融合

> 企業内の顧客データベース（CRMデータベース）と、FacebookやTwitterなどのSNSデータ（ソーシャルCRMデータ）との情報連携が急速に進んでいます。

◆ソーシャルCRMデータとの連携による顧客データの深化

　1顧客1ID化は、本書で一貫して説明している考え方ですが、顧客の属性や購買履歴など、1顧客1ID化した企業内CRMデータベース（顧客データベース）を、**ソーシャルCRMデータ**（SNSにおける属性データや活動データなど）と連携することで、より深い情報を得ることができます。

　SNSの中でも、**Facebook**は実名登録が基本で、自分の個人情報をある程度公開しなければなりません。そのため、CRM展開が描きやすいSNSです。なお、Facebookに物理的に登録できる項目は以下のように多岐にわたります（2014年10月現在）。

---

①基本データ
職歴と学歴／住んだことがあるスポット／連絡先／家族と交際ステータス／ライフイベント　など
②写真
③友達
④スポット
⑤スポーツ・音楽・映画・テレビ番組・本
⑥「いいね！」
⑦イベント
⑧グループ　など

もちろん、すべての項目が埋められているとは限りませんし、中には不正確な記述が含まれることがあります。情報には一定のバイアスがかかっていると見ていいでしょう。

　それでも、情報量を考慮すれば、CRM的な可能性は無限に広がります。自社の顧客データをSNSデータと連携することで、優良顧客の情報が深化し、その優良顧客と同じ傾向を持つ潜在顧客に対して直接的なアプローチが可能になってくるのです。マーケティング戦略的にも極めてインパクトの高い話です。

　新規顧客の獲得施策を検討するにあたって、自社の優良顧客のさまざまな特徴を理解することが初めの一歩になるのです。

　具体的には、「**現在の企業内CRMデータベースに、顧客の許可を得たうえでSNSアカウントを登録する**」という方法があります。会員登録画面にシステム的に連携するための入力ボタンを設けている企業も増えてきています。

　最近は、登録障壁を下げるために、SNSアカウントで会員登録を行なうことができる企業もよく見られます。

　そうしたシステム改修ができない企業は、顧客へのアンケート調査などを実施する際に、SNSアカウントを情報収集する方法も考えられます。情報収集したデータを、自社のCRMデータベースに格納するのです。

　SNSのアカウントを企業内CRMデータベースと連携することで、顧客のソーシャルメディア上での活動内容まで顧客データとして深化させることができるのです。

　ホテル・旅館宿泊予約サイトの『yoyaq.com』（**カカクコム**グループ）では、新規会員登録の方法として、通常の会員登録フォーム（『価格.com』のIDを登録することと同義）以外に、「Facebookで会員登録」「Googleでログイン」などを設定しています。

　ここで、Facebookで会員登録を選ぶと、個人のFacebook上の公開プロフィールや友達リスト、メールアドレス、誕生日へアクセスする許可を求められます。OKすることで、これらの情報を『yoyaq.com』が取得することになります。

　集英社が運営する女性のライフスタイル情報サイト『HAPPY PLUS』の場合は、通常の会員登録フォームに加えて「SNSからログイン」を設定しています。FacebookとTwitterに対応していますが、「Twitterからログ

イン」では、「タイムラインのツイートを見る」「フォローしている人を見る、新しくフォローする」「プロフィールを更新する」「ツイートする」などの利用を許可することになります。

◆ソーシャルCRMデータを結合して統合データベース分析

『yoyaq.com』や『HAPPY PLUS』のように、企業内CRMデータとソーシャルCRMデータの下にさまざまなデータを結合させることで、顧客を深耕していくことができます。

『yoyaq.com』の場合、Facebookで会員登録をしている顧客の中から優良顧客を抽出します。優良顧客のFacebook上での公開プロフィールや友達リストなどが把握できるようになるので、企業内CRMデータを越えた優良顧客のプロファイルの取得が可能になります。

第5章で説明したとおり、優良顧客に育成しやすい顧客の傾向を分析したうえで、Facebook上にマーケティング施策を展開すれば、効率的に新規顧客を獲得することができます。

『HAPPY PLUS』の場合は、Twitterでの会員登録者を分析する際に、優良会員のツイート内容やフォローしているアカウントを分析することで、関心事やニーズが把握できるようになります。情報サイトとして、徹底的に活用したい情報を取得していることになります。

一方で、SNS運営事業者側の都合により、企業がこうしたシステム連携を維持し続けることが困難になっていることを忘れてはなりません。SNS運営事業者にとっては、会員へのサービス向上のためにシステムを進化させています。その進化に追従していくことは、大変なリソースをかけることになっています。

ソーシャルCRMデータと企業内CRMデータベースの組み合わせで広がる情報連携は、新たなマーケティングの主流になっていくのは間違いないでしょう。データとデータのかけ合わせにより、より大きなデータベースを分析していくことになります。こうした**「ビッグデータ」**は最近よく耳にするようになりましたが、皆さんの会社の中にも少なからず存在します。対岸の火事では片づけられない問題なのです。

6-4 ビッグデータ時代のCRM

WEBサイトやSNS、POSシステムなどに蓄積された膨大なデータを活用、連携させることで、さらなる付加価値の創出を目指すCRMシステムが期待されています。

◆ビッグデータの登場

「ビッグデータ」という言葉が一般的に使われるようになってきました。たとえば、CVSにおけるPOSデータと会員登録ユーザーデータを組み合わせ、顧客の購買履歴などの膨大なビッグデータを解析し、商品開発などに活かす動きが広がってきています。

一方で、これまでデータと向き合ってきた経営企画部門やマーケティング部門の担当者に対して、さらに「データ分析」というプレッシャーがかかってきているといった話も多く耳にするようになりました。

調査会社やコンサルティング会社などから示されるような各種データや分析結果をもとに、経営戦略やマーケティング戦略を組み立ててきたにもかかわらず、漠然とした膨大なデータを扱うように促されているように感じているのも、昨今のビッグデータを取り巻く環境・背景でしょう。

もちろん、さまざまなデータを活かすことができるのは、経営企画やマーケティング部門であることは事実です。ビッグデータの活用が、そういった部門に求められることも自明の理といったところです。

◆ビッグデータの定義

ビッグデータとは「既存の一般的な技術では管理するのが困難な大量のデータ群である」と定義している例があります。

■ビッグデータの構成要素

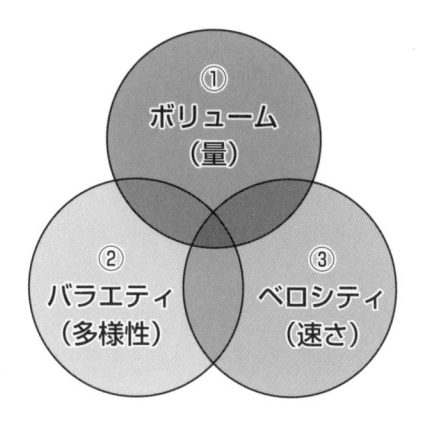

```
     ①
   ボリューム
    （量）

 ②              ③
バラエティ      ベロシティ
（多様性）      （速さ）
```

　ここでいう「既存の一般的な技術では管理するのが困難」とは、これまでの企業におけるデータベースの主流を占めるものでは管理できない複雑な構造のデータや、ボリュームの増大の結果、データに対する問い合わせへの応答時間が許容範囲を超えるような状況を指しています。

　とかくビッグデータは、「どの程度のデータ規模か？」というボリュームに関する印象が強いようですが、データの構成要素にも着目すべきです。

　『ビッグデータの衝撃』（東洋経済新報社）によると、ビッグデータは、①ボリューム（量）、②バラエティ（多様性）、③ベロシティ（速さ）の3つの要素からなります。

①ボリューム
　まず、ボリュームは「数十テラバイトから数ペタバイト程度」といった見方が多いのが現状です。しかし数年先では、さらにボリュームが拡大していることは想像にかたくありません。

②バラエティ
　次に、バラエティですが、次のようにデータの出所が多様である点が挙げられます（次ページ参照）。

- 企業のオペレーションデータ（販売履歴、商品在庫など）や、顧客情報などのカスタマーデータといった構造化データ
- WEBサイトなどのログデータ（ECサイト購入履歴なども含む）
- コールセンターの通話履歴
- SNS（ソーシャルメディア）内に書き込まれるプロフィールやコメントなどのテキストデータ
- 携帯電話やスマートフォンに組み込まれたGPSから発生する位置情報、センサーデータ
- 監視カメラなどの画像や動画データなどの非構造化データ

　個々のデータの活用だけでなく、各データを連携させることで、さらなる付加価値の創出が期待されます。CRMシステムは、そこに重要なポジションを占めることになるでしょう。

③ベロシティ
　最後は、ベロシティです。鉄道系の電子決済システムである『Suica』や『PASMO』などのラッシュアワーの決済履歴や、流通・小売業に広がるPOSシステムのトランザクションデータ、SNSにおける瞬間的な投稿数など、発生頻度や更新頻度はさまざまですが、膨大なデータがものすごいスピードで生成されていくことも見逃せない特徴といえるでしょう。

6-5
ビッグデータでCRMを深化させる

> ビッグデータと漠然と向き合ったところで何も生まれません。ビッグデータという言葉に振り回されず、必要なデータを適正に活用することが大切です。

◆既存の顧客関連データが基盤

　企業として取り組むべきは、**自社の周りにすでに存在しているデータの活用**です。とりわけ重要なデータは、「顧客関連データ」でしょう。ビッグデータの中でも、売上などに直結するデータをいかに収集し、分析・活用するか。これこそが、データを扱ううえでの基盤といえます。

　顧客との良好な関係性を構築することで**LTV（顧客生涯価値）**を最大化していくというCRMの目的は、これまでと何も変わっていません。変化したポイントといえば、ICTの進化に伴い、顧客とのあらゆる接点をデータで見ることができるようになったことでしょう。この変化こそが、新たな可能性を示しているものに他ならないのです。

　顧客関連データに話を収斂させれば、購買顧客だけを対象にしてきた顧客データベースに、これまでは入ってこなかったデータを加えることになります。それは、見込顧客の段階にあるデータなどです。

　これまでの多くのマーケティング活動においては、新規顧客の獲得と既存顧客の維持・拡大は別々に捉えることが一般的でした。しかし、新規顧客の獲得においても顧客関連データを分析することで、優良顧客に育成しやすい顧客にターゲットを絞り込むことが可能になってきています。CRMのフィールドはより一層広がってきているといえます。

◆バラバラのデータを紐づける

　さまざまな見込顧客を含めた新たな顧客関連データまで取り込んでいくのは、極めてシンプルな話です。しかし、実際に具現化できている事例は少ないのが現状です。

　あらゆる接点という観点で見れば、次のように枚挙に暇がありません。

- サイトのアクセス状況データ
- メールマガジン登録データ
- 配信メールの開封状況データ
- キャンペーン応募状況データ
- 店舗来店カウントデータ
- 監視カメラによる店舗内回遊状況データ
- POSデータ
- EC購買データ
- コールセンター応答履歴データ
- アンケート回答状況データ
- 企業SNSフォロワーデータ

　これらはすべて物理的に取得可能な行動履歴データです。しかし、こうした行動履歴データは、企業内でもお客様相談室や店舗運営部、経営企画部、マーケティング部、総務部など、それぞれの部署で別々に管理・運用しているケースがほとんどです。

　その結果、さまざまな行動履歴データは「1人の顧客」（顧客ID）に紐づいておらず、一元管理ができていないのです。

　もちろん、バラバラに存在するこれらのデータは、それぞれの部署で有効利用ができます（部署を越えた活用には至りませんが……）。

◆CRMを活かすビッグデータ（1顧客1ID化）

　ここへきて、ビッグデータの活用事例が紹介されることが増えてきましたが、そのほとんどは、単一の行動履歴データなどによるビッグデータ解析事例です。

しかし、CRM的観点においては、「1人の顧客」に紐づけなければ、大した意味を持ちません。顧客属性データや購買履歴データに行動履歴データを紐づけることで、ビッグデータは意義深いものになります。

　さまざまなデータを駆使したCRMを展開することで、これまで以上に**顧客ロイヤルティ**は向上し、結果としてLTVは最大化します。「1人の顧客」単位で串刺しにし、**1顧客1ID化**したビッグデータこそが、CRMの真価を発揮するものなのです。

■「1人の顧客」単位でバラバラに存在するデータを串刺しにする（1顧客1ID化）

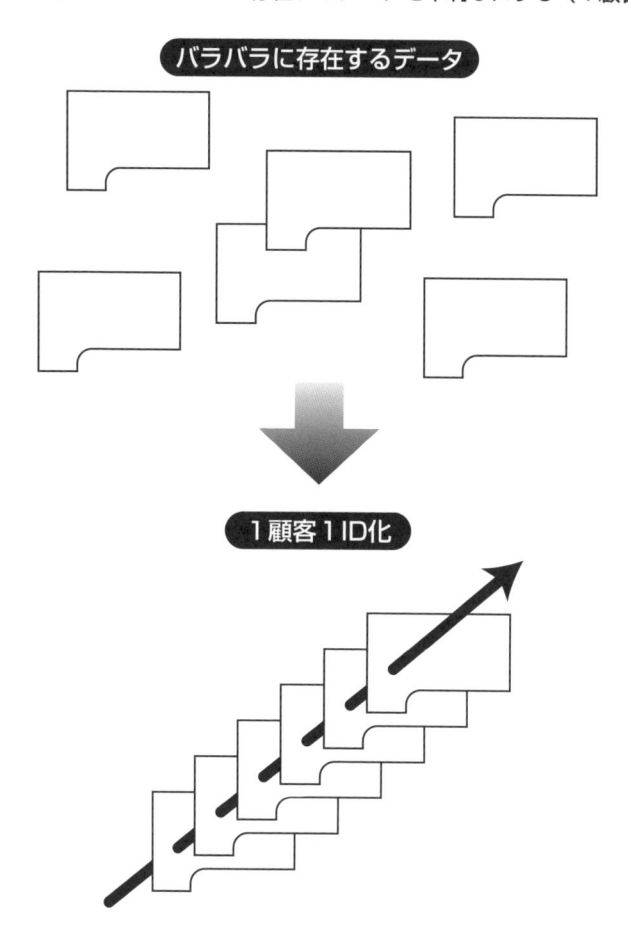

6-6
「データ駆動型組織」への移行が始まる

> ビッグデータの進化とともに、顧客データの概念が拡大し、それに伴い、優良顧客の概念も変化してきています。どの企業も「データ駆動型組織」への移行が迫られています。

◆変化する優良顧客の概念

　優良顧客の明確化は、CRMを進めていくうえで非常に大切なプロセスです。主に顧客の購買データなどを活用し、データを解析したうえで、導き出しているケースがほとんどでしょう。分析の手法としては、すでに述べた**RFM分析**などが挙げられます（80ページ参照）。

　RFM分析とは、R（recency：最新購買日）、F（frequency：累計購買回数）、M（monetary：累計購買金額）といった視点からクロス集計などを実施し、優良顧客を抽出するものです。つまり、たくさん買ってくれたり、頻度高く買ってくれたり、最近買ってくれたりした顧客を多角的に分析し、その企業に最適なフォーマットを生成することが一般的に行なわれてきました。

　しかし、近年のデジタル環境の激変で、顧客すなわち生活者自身が発信者になっています。そのため、SNSなどの手段により、「口コミ」が相当なインパクトを持つようになってきています。

　昔から、テレビCMなどの広告媒体よりも口コミのほうを信じる人が多いといわれてきました。その口コミがメディア化したのです。

　こうした環境下においては、優良顧客の捉え方も、その顧客自身の購買状況だけでなく、「発信力」を持っているかどうか、つまり、周りの友人・知人やフォロワーなどに推奨してくれるかどうかの視点で考えることが必要です。結果としての購買の波及効果を持っているかも、見逃せない要素になったのです。

■これまでの優良顧客とこれからの優良顧客

これまでの優良顧客

[RFM]
- たくさん買ってくれる
- しょっちゅう買ってくれる
- 最近買ってくれた

[＋α]
＋おすすめを買ってくれる　など

↓

これからの優良顧客

[RFM＋αに加えて]
- よく来店してくれる
- SNSで拡散してくれる
- 前向きな意見を出してくれる
- WEBサイトを見てくれる
- ファンでいてくれる
- 新しい商品・サービスのヒントを出してくれる　など

◆データ駆動型組織になるために必要なこと

　ビジネススクールの学生に、「データを上手に活用している企業はどこか」と問いかけると、必ずといっていいほど、GoogleやAmazonが挙がります。

　たしかに、Amazonの協調フィルタリングやGoogleのランキングなど、さまざまなデータ活用のテクノロジーを駆使し、現代に君臨しています。

　これらの企業に共通していることは、「IDが1つで、かつ精度が高い」ということです。データ駆動型組織になるためには、そのデータベースそのものが整っていることが大前提です。

　しかし、多くの企業において、かなりのボリュームでデータ上の欠損が起きています。顧客属性データや購買関連データで、それが顕著に見られます。

　なぜ、このようなことが起きるのでしょうか。欠損値として多く見られる項目は、氏名や生年月日といった顧客の属性情報です。それぞれのデー

タを「1人の顧客」に紐づけるといった最初の段階ができていないのです。

来店型店舗を展開している企業では大変多く見られることです。もちろん、プライバシーな情報なので、対面型店舗の功罪の「罪」の側面が出てしまい、なかなか収集できないことに起因していると思われます。しかし、企業（本社）が本気で情報収集の必要性を現場に徹底すれば、少しずつ是正されていくものです。

「データと向き合う」ということは、さまざまな情報が混在したデータを精製する行為そのものです。したがって、いくつもデータを寄せ集めたところで、単なるデータの塊でしかありません。いかに純度の高いデータを取り扱うかが、データ駆動型組織になるためには重要なのです。

◆顧客へのアプローチのあり方が変化する

202ページで挙げたサイトのアクセス状況データ、メールマガジン登録データ、配信メールの開封状況データ、キャンペーン応募状況データなどの行動履歴データと、顧客属性データ、購買履歴データを「1人の顧客」に紐づけることができているケースが他業界に比べて多く見られるのが、EC業界でしょう。

精緻化されたデータを活用し、さまざまな分析を行ない、最適な顧客アプローチを実践しているので、顧客が関心を抱いて購買に至るまでのプロセスが追いかけられるのです。

したがってECの場合、たとえばDMの販促施策において、どのような行動履歴を持つ顧客に送付するのが最も効率的かを予測することができるようになっています。

つまり、統計解析の手法でいう**決定木（ディシジョンツリー）分析**などを活用しているのです（164ページ参照）。

この決定木分析は、成功したDMへの反応結果と相関係数の高い変数をあらゆる行動履歴データや購買履歴データ、顧客属性データの中から見出していき、予測モデルを作成するというものです。そして、その予測モデルに沿ってターゲットを抽出し、より効率的な販促活動を実施することに役立てるわけです。

◆データサイエンティストに求められるもの

　いくら予測モデルを積み上げても、乗り越えられない「壁」が存在します。最終的に顧客の興味を引く要素は、「担当者の属人的なセンス」に依存するのもまた現実なのです。

　こうしたことを踏まえても、ビッグデータ時代のCRMにおいて、先端のシステムや仕組みはあくまでサポートツールに他なりません。

　データサイエンティストには、総合的な人間力を持って、データ分析からファインディングス（発見）を抽出し、課題解決に向けた施策を導き出す能力が、今後より一層求められます。

6-7 ビッグデータの活用はどこまで進んでいるか？

ビッグデータの活用が各企業において盛んですが、「1人の顧客」に紐づけていくところから生まれるCRMがベースであることを忘れてはいけません。

◆企業のビッグデータ活用事例

　大量かつ多様で生成速度の速い**ビッグデータ**を活用する企業事例は、いくつも存在します。

　たとえば、**Amazon**をはじめとしたECサイトで多く見られる商品・サービスのレコメンド機能です。**Facebook**の「知り合いかも」も、同様のテクノロジーを活用しています。

　また、**Google**が展開している行動ターゲッティング広告も、ビッグデータを活用した事例でしょう。これは、閲覧履歴などから利用者の興味・嗜好を分析してグループ化し、その集団ごとにインターネット広告を出し続けるものです。

　さらに、クレジットカード会社の不正利用検出機能も挙げられます。

　私も過去に不正利用検出に該当し、クレジットカードが一時的に使えない事態に陥ったことがあります。海外の航空会社のECサイトで航空券を購入し、その直後に東京でタクシーに乗りました。ところが、タクシー代の支払いにクレジットカードが使えませんでした。その理由をクレジットカード会社に確かめると、「物理的な移動が不可能な時間帯での支払実績だったので、自動的に支払いを止めた」という回答でした。このような事例が、クレジットカード会社の不正利用検出機能に該当します。

　機器に設置したセンサーで利用履歴や劣化状態などのデータを収集し、故障やトラブルを予測する取り組みも進んでいます。コピー機やトラクターにセンサーを搭載している**コマツ**の『KOMTRAX』がそうです。WEB

経由の強みを活かし、サービスの改善のために絶え間なくデータを収集しています。

アメリカでは、Googleの検索状況を分析し、インフルエンザの発生を予測することに成功しています。

エスエス製薬は、Twitter上の風邪に関するツイートを分析し、風邪の流行予測に役立つアプリを提供しています。

Twitterのツイートを分析して株価を予測するサービスも登場してきています。

レシピ投稿サイトの**クックパッド**では、検索データサービスの『たべみる』を小売業に提供しています。ユーザーが入力した膨大な検索ログのデータを「消費者の食材に対する潜在的なニーズを示す貴重なマーケティングデータ」として活用することができます。

日本経済新聞社が他紙に先駆けて導入した日本経済新聞の電子版は、これまでの一方通行の情報伝達から、双方向でのコミュニケーションを可能にしました。

電子版の誕生前は、顧客接点として、新聞専売所かキオスクなどしかありませんでした。しかし、WEBをベースとしている電子版は、顧客データを収集しているので、本社（企業）と読者（顧客）のダイレクトなコミュニケーションを実現できます。これにより、顧客の声を直接的に収集し、どのような記事（コンテンツ）が注目を集めているか、広告の接触状況はどのようになっているかといったことを、リアルタイムに判別できるのです。

顧客である読者一人ひとりが関心を示しているコンテンツを把握し、さまざまなセグメントによるプロファイルも実現できる強みを持っていることになるのです。

◆「1人の顧客」に紐づけることがCRMの基本

単一のデータ分析によるビッグデータの活用事例はさまざま存在します。その多くは、実は最近誕生したものではなく、以前から脈々と行なわれていたものです。

もちろん、技術革新により、以前はできなかったデータ分析ができるようになっている現実もあります。一概にブームで片づけるのはよくありま

せんが、昨今のビッグデータ礼賛に乗り、改めて脚光を浴びているという側面も否めません。

　いずれにせよ、数多くのデータを連携させ、「1人の顧客」に紐づけていくところから生まれるCRMが基本になります。それ以外の場合は、「ビッグデータ」という言葉は使われなくなり、ブームは廃れていくでしょう。

索 引

数字・英字

1顧客1ID化 …………………… 10, 31, 195, 203
20：80（ニッパチ）の法則 ………………… 53
AIDMA ……………………………………… 116
AISAS …………………………………… 105, 116
CMO（マーケティング最高責任者）……… 41
CRM（顧客関係管理）……………………… 10, 16
DMP（データマネジメントプラットフォーム）
　………………………………………………… 40
Facebook …… 20, 22, 111, 113, 152, 186, 195, 208
FMP（フリークエンシーマーケティングプロ
　グラム）…………………………………… 129
LINE ……………………… 20, 22, 111, 113, 186
LTV（顧客生涯価値）
　……………………… 29, 31, 115, 126, 136, 201
O2O（Online to Offline）……… 13, 40, 111, 113
One to Oneマーケティング ……………… 179
Ponta ………………………………… 11, 155, 183
POSデータ …………………………………39, 155
RFM分析 ………… 30, 47, 66, 80, 88, 100, 159, 204
SFA（Sales Force Automation）…………… 20
Twitter ……………… 20, 22, 111, 113, 152, 186
Tポイント ………………………… 11, 155, 183
VOC（Voice of Customer）……………… 151
WEBサイト ………………………………… 110

あ行

インターネットデータ ………………… 150, 155
インフルエンサー ………………………… 118
営業担当者 …………………………… 107, 134
エンゲージメント …………………………… 98
オウンドメディア …………………………… 38
オムニチャネル戦略 ………………………… 12

か行

会員制クラブ（クラブマーケティングプログラ
　ム）………………………………………… 129
カスタマーインサイト ……………………… 35
価値共創マーケティング …………………… 20
関係性マーケティング ……………………… 17
クラウドサービス …………………… 40, 154
クラスター分析 ……………………… 43, 167
クロス集計表 ………………………………… 69

決定木（ディシジョンツリー）分析 …… 164, 206
現場型 ………………………………………… 44
購買データ（顧客購買履歴）…………… 122, 149
コールセンター（コンタクトセンター）
　………………………………………… 108, 134
顧客エンゲージメント …………………… 42, 137
顧客関係性マーケティング ………………… 16
顧客識別ピラミッド …………………… 56, 127
顧客寿命 ……………………………………… 77
顧客接点 ……………………… 20, 104, 107
顧客データ ………………… 122, 148, 154, 158
顧客データベース ………………… 87, 121, 154
顧客内シェア ……………………………… 26, 183
顧客の声 …………………………… 63, 122, 151
顧客の識別 …………………………… 29, 56, 61
顧客マネジメント …………………………… 16
顧客離反率 ………………………………… 78
顧客離反率分析 ……………………………… 77
顧客リレーションの構築 ……………… 29, 30
顧客ロイヤルティ ………… 39, 66, 123, 126, 203
個人情報 ………………………………… 30, 156
コミュニティマネージャー ……………… 193

さ行

最頻値 ………………………………………… 83
消費者庁 ……………………………………… 19
消費者保護基本法 …………………………… 19
スタッフ型 …………………………………… 45
センチメント分析 ………………………… 153
ソーシャルCRM …………………………… 186
ソーシャルCRMデータ …………………… 195
ソーシャルグラフ ………………………… 192
ソーシャルメディア ………… 20, 22, 111, 186
ソーシャルリスニング …………………… 152

た行

中央値 ……………………………………… 83, 84
定性調査 …………………………………… 188
定性データ ………………………………… 151
定量調査 …………………………………… 188
定量データ ………………………………… 148
データ駆動型組織 ………………………… 204
データ駆動型マーケティング ……………… 40

211

データサイエンティスト	207
データ分析	30, 84, 158, 161, 163
データ分析力	33
データベースマーケティング	12
テキスト（文章表現）データ	151
デシル移動分析	75
デシル分析	30, 71
店舗	108
度数分布表	83

は行

パレートの法則	53, 63, 71, 85, 91, 93
判別分析（クラシフィケーション）	164
ヒストグラム（度数分布図）	83, 89, 91, 92, 170
ビッグデータ	156, 197, 198, 208
ビッグデータ分析	20
フラッシュマーケティング	115
ブランド戦略	14
平均値	83, 84
ポイントカード	11, 57, 182
本社型	45

ま行

マトリクス表	85, 94

や行

ユーザー起動法	187
優良顧客	65, 98, 99, 131, 134

ら行

ラグジュアリーブランド	14, 96
ランク推移分析シート	76
リスクモニタリング	152
離反顧客	78
リレーションシップマーケティング	17

企業（50音順）

アートネイチャー	125
味の素	37
アップル	129, 187, 190
Amazon	10, 155, 205, 208
伊藤ハム	191
江崎グリコ	37
エスエス製薬	209
NHK	191
NTTドコモ	13
カカクコム	196
カルチュア・コンビニエンス・クラブ	183
gift	128
GAP	11
Google	10, 205, 208
クックパッド	209
KDDI	13, 190
幻冬舎	128
コマツ	208
再春館製薬所	139, 149, 158
サッポロビール	187, 189
ザ・ボディショップ	108
ザ・リッツ・カールトン	123, 144
サントリー	37, 38
JR東日本	156
資生堂	37, 38
シャネル	14
集英社	170, 196
スペイン航空	191
ソシエ・ワールド	31, 87, 100, 108, 126
ソフトバンク	112, 191
テーブルマーク	191
trippiece	187
日本経済新聞社	209
日本コカ・コーラ	38
日本マクドナルド	113, 178
ネスレ	38
ハーレーダビッドソン	129
ファミリーマート	11
P&G Japan	38
プラダ	14
ベネッセ・ホールディングス	156
ポルシェ	129
松屋銀座	176
楽天	11
ラッシュ	108
良品計画	187, 189
ルイ・ヴィトン	14
ル・クルーゼ	43, 128
ロイヤリティ マーケティング	183
ローソン	11
ロクシタン	108
ワタミフードサービス	114

参考文献

・アクセンチュア（著）『CRM　顧客はそこにいる【増補改訂版】』（東洋経済新報社）
・木村達也（編著）『実践CRM　進化する顧客関係性マネジメント』（生産性出版）
・グロービス経営大学院（著）『【改訂3版】グロービスMBAマーケティング』（ダイヤモンド社）
・グロービス・マネジメント・インスティテュート（編著）『【新版】MBAマーケティング』（ダイヤモンド社）
・フィリップ・コトラー（著）、恩藏直人（監修）、月谷真紀（訳）『コトラーのマーケティング・マネジメント　ミレニアム版』（ピアソン・エデュケーション）
・近藤康子、松尾正二郎（著）『サントリーがお客様の声を生かせる理由』（中経出版）
・嶋口充輝、内田和成（編著）『顧客ロイヤルティの時代』（同文舘出版）
・黒岩健一郎、牧口松二（編著）、福富言、川又啓子、西村啓太（著）『なぜ、あの会社は顧客満足度が高いのか　オーナーシップによる顧客価値の創造』（同友館）
・岸本義之（著）『金融マーケティング戦略』（ダイヤモンド社）
・ダン・アリエリー（著）、熊谷淳子（訳）『予想どおりに不合理　行動経済学が明かす「あなたがそれを選ぶわけ」』（早川書房）
・シャーリーン・リー、ジョシュ・バーノフ（著）、伊東奈美子（訳）『グランズウェル　ソーシャルテクノロジーによる企業戦略』（翔泳社）
・久保田進彦（著）『リレーションシップ・マーケティング　コミットメント・アプローチによる把握』（有斐閣）
・城田真琴（著）『ビッグデータの衝撃　巨大なデータが戦略を決める』（東洋経済新報社）
・近藤公彦（著）「組織としてのCRM」『季刊マーケティングジャーナル』27巻3号（日本マーケティング協会）
・水越康介、及川直彦、日高靖、太駄健司（著）「新しいブランドコミュニティとしてのソーシャルメディア」『マーケティングジャーナル』第126号（日本マーケティング協会）

執筆者紹介（執筆順）

坂本雅志　序章、第1章～第8章、第11章、第12章

及川直彦（おいかわ　なおひこ）　第6章1～2節
APT（アプライド・プレディクティブ・テクノロジーズ）シニアバイスプレジデント日本代表。名古屋商科大学客員教授。
慶應義塾大学文学部卒、早稲田大学大学院商学研究科修士課程修了。電通、マッキンゼー・アンド・カンパニー、電通ネットイヤーアビームの代表取締役社長、電通コンサルティングのディレクター・代表取締役社長を経て現職。APTは米国に本社を置く、マスターカードグループの予測分析ソフトウェア会社。
共著書に『モバイル・マーケティング』（日本経済新聞出版社）、『新マーケティング・コミュニケーション戦略論』（日本経済新聞社）などがある。

澤田　伸（さわだ　しん）　第2章5節
1959年大阪市生まれ。
1984年立教大学経済学部経営学科終了、消費財メーカーのマーケティング部門を経て、1992年より広告会社にて流通、情報通信、テーマパーク、キャラクターライセンス、金融クライアントを担当し、マーケティング・コミュニケーション全域のアカウントプランニング業務を統括。2008年外資系アセットマネジメント企業に転じ、事業再生部門のマーケティングディレクター、2012年共通ポイントサービス企業のIDマーケティング事業担当の執行役員を経て、2015年10月より渋谷区副区長に就任（現職）。

坂本 雅志（さかもと まさし）
株式会社スマートウィル代表取締役社長。
青山学院大学経済学部卒、青山学院大学大学院国際マネジメント研究科修了（MBA）。1993年、日本生命保険に入社し、12年にわたり、リテールマーケティング戦略構築を担当。2005年、日興プリンシパル・インベストメンツ（現シティグループ・キャピタルパートナーズ）に参画し、マーケティング戦略担当として、リテールビジネスを中心とした多くの投資先の経営支援を行なう。08年より、ベルシステム24の社長室長・執行役員営業企画室長・専務執行役・COO（最高執行責任者）を歴任。この間、BBコール取締役、ワン・トゥ・ワン・ダイレクト代表取締役社長、日本テレマーケティング協会常任理事を務める。
10年に独立し、CRM戦略を核とした経営コンサルティング会社のスマートウィルを設立。アパレル、美容、メディア業界の企業を中心にCRM戦略をサポートしている。
12年より、青山学院大学大学院国際マネジメント研究科（青山ビジネススクール）の非常勤講師として「CRM戦略」講座を担当。

・ホームページ http://www.smartwill.co.jp

CRMの基本
シーアールエム きほん

2014年11月1日 初版発行
2018年4月20日 第5刷発行

著 者　坂本雅志　©M. Sakamoto 2014
発行者　吉田啓二
発行所　株式会社 日本実業出版社
　　　　東京都新宿区市谷本村町3-29 〒162-0845
　　　　大阪市北区西天満6-8-1 〒530-0047
　　　　編集部　☎03-3268-5651
　　　　営業部　☎03-3268-5161　振替　00170-1-25349
　　　　　　　　　　　　　　　　http://www.njg.co.jp/

印刷／三省堂印刷　製本／若林製本

この本の内容についてのお問合せは、書面かFAX（03-3268-0832）にてお願い致します。
落丁・乱丁本は、送料小社負担にて、お取り替え致します。

ISBN 978-4-534-05226-1　Printed in JAPAN

日本実業出版社のロングセラー
一歩上のスキルと知識が身につく「基本」シリーズ

好評既刊!

この1冊ですべてわかる
広告の基本
The Basics of Advertisement
波田浩之
Hada Hiroyuki

- 4マス媒体の効果的な使い方
- 季節季々に応じるSP媒体
- クロスメディアの新潮流
- Web2.0時代の最新手法

ほんとうに知っておくべきこと。

波田 浩之＝著
定価 本体 1500円(税別)

この1冊ですべてわかる
コンサルティングの基本
The Basics of Consulting
神川貴実彦 [編著]
Kamikawa Kimihiko

- 戦略、IT、組織人事、財務など全ファームを俯瞰
- 主要なプロジェクトでの具体的な仕事の進め方
- コンサルタントの基本ツールを生かす方法
- 新卒・中途採用で求められる基準

ほんとうに知っておくべきこと。

神川 貴実彦＝編著
定価 本体 1500円(税別)

この1冊ですべてわかる
経営戦略の基本
The Basics of Management Strategy
株式会社日本総合研究所
経営戦略研究会 [著]
The Japan Research Institute, Limited Study Group of Management Strategy

- PEST、3C、SWOT、VRIO等を用いた環境分析
- 業界での競争優位を築く事業戦略の勘所
- PPM、成長ベクトルによる全社戦略の策定
- 戦略を動かすための指標設定と組織づくり
- 企業競争力を高める"従来型戦略"×"創発の戦略"

ほんとうに知っておくべきこと。

㈱日本総合研究所経営戦略研究会＝著
定価 本体 1500円(税別)

この1冊ですべてわかる
マーケティングの基本
The Basics of Marketing
安原智樹
Yasuhara Tomoki

- マーケティング基本戦略(STP)の勘所
- 定量と定性、双方の消費者調査のポイント
- 気、IP、ブランディング、フェルミ推定など答え方法の高め方
- 日百モノサービス財、インターネットにおける実践

ほんとうに知っておくべきこと。

安原 智樹＝著
定価 本体 1500円(税別)

この1冊ですべてわかる
販促手法の基本
The Basics of Sales Promotion Technique
岩本俊幸
Iwamoto Toshiyuki

- 消費者に直接購買を動機づけるしかけ
- 役割別に使い分ける販促手法の5つのタイプ
- 最も理解感が得増できる"おはし"手法
- インターネット・モバイルを組み合わせた販売
- 販促計画の手順とその効果予測

ほんとうに知っておくべきこと。

岩本 俊幸＝著
定価 本体 1800円(税別)

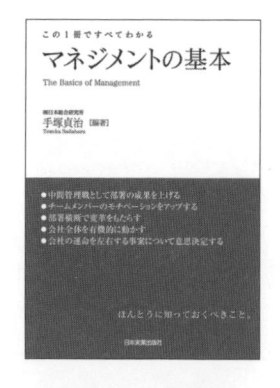

この1冊ですべてわかる
マネジメントの基本
The Basics of Management
株式会社日本総合研究所
手塚貞治 [編著]
Tezuka Sadaharu

- 中間管理職として部署の成果を上げる
- チームメンバーのモチベーションをアップする
- 経営戦略で変革をもたらす
- 会社全体を有機的に動かす
- 会社の運命を左右する事案について意思決定する

ほんとうに知っておくべきこと。

手塚 貞治＝編著
定価 本体 1600円(税別)

定価変更の場合はご了承ください。